Le plus drôle de l'humour

de Coluche à Jean Yanne

23, rue du Cherche-Midi, 75006 Paris.

Vous pouvez consulter notre catalogue général et l'annonce
de nos prochaines parutions sur notre site Internet: cherche-midi.com

Le plus drôle de l'humour

de Coluche à Jean Yanne

Nouvelle édition

ILLUSTRÉ PAR
CHAVAL ET PIEM

Édition établie sous la direction d'Arnaud Hofmarcher

le
cherche
midi

SOMMAIRE

PENSÉES, APHORISMES ET MAXIMES

PIEM

L'Administration aura désormais deux mois pour répondre au courrier des usagers : les fonctionnaires ont choisi juin et novembre !

LAURENT RUQUIER

Nous nous acheminons lentement mais sûrement vers le jour où le nombre de fonctionnaires du ministère de l'Agriculture dépassera celui des agriculteurs.

JEAN AMADOU

Je me suis fait auprès de ma femme une solide réputation de monogame.

PIERRE DESPROGES

Un enfant prodige, c'est un enfant dont les parents ont beaucoup d'imagination.

JEAN COCTEAU

Notre toaster a deux positions : trop tôt ou trop tard.

SAM LEVENSON

Vous me jugez sur mes réponses ?
Si vous croyez que je ne vous juge pas sur vos questions !

SACHA GUITRY

Un secret, ce n'est pas quelque chose qui ne se raconte pas. Mais c'est une chose qu'on se raconte à voix basse, et séparément.

MARCEL PAGNOL

Une fois que tu as passé 40 ans, tout devient urgent.

MICHEL BLANC

C'était comme des vacances, comme des journées sans horaires, des silences sans reproches, des vulgarités sans scrupule... c'était les promesses de jours heureux : une virée sans femmes !

PATRICE LECONTE

À 45 ans, elle est encore belle comme le jour... Le problème, c'est la nuit.

PATRICK SÉBASTIEN

Toutes les femmes savent coudre, mais elles ne veulent pas l'avouer.

MARCEL AYMÉ

C'est les jeunes qui se suicident, pas les vieux, ils ont tellement pris l'habitude de vivre !

FRÉDÉRIC DARD

Quel besoin de se venger d'une femme ?
La nature s'en charge, il n'y a qu'à attendre.

AURÉLIEN SCHOLL

☙❧

La météorologie est une science exacte, le problème, c'est que les météorologues ne la connaissent pas.

COLUCHE

☙❧

L'homme est imparfait, mais ce n'est pas étonnant si l'on songe à l'époque où il fut créé.

ALPHONSE ALLAIS

☙❧

Les cons, ça ose tout, c'est même à ça qu'on les reconnaît.

MICHEL AUDIARD

☙❧

Les hommes sont toujours sincères. Ils changent de sincérité, voilà tout.

TRISTAN BERNARD

☙❧

Je ne suis pas végétarien parce que j'aime les animaux, je suis végétarien parce que je hais les plantes !

A. WHITNEY BROWN

☙❧

Les miroirs feraient bien de réfléchir avant de renvoyer les images.

JEAN COCTEAU

☙❧

J'aime bien l'Opéra. Je parle du bâtiment, évidemment. Pas du spectacle. Franchement, des types qui se retrouvent devant des nanas de cent cinquante kilos en leur chantant : « Je te protégerai, mon fin roseau, mon petit être fragile ! », je n'arrive pas à y croire. En cas de danger, ils n'arriveraient même pas à le faire décoller, leur « petit être fragile » ! Il leur faudrait une benne !

JEAN YANNE

La vie ne vaut rien. Mais rien ne vaut la vie.

ANDRÉ MALRAUX

Il ne faut jamais juger les gens sur leurs fréquentations : Judas, par exemple, avait des amis irréprochables.

PAUL VERLAINE

Si haut que l'on soit placé, on n'est jamais assis que sur son cul.

MONTAIGNE

Une pendule arrêtée donne l'heure exacte, deux fois par jour.

JOSÉ ARTUR

L'art de l'imposition consiste à plumer l'oie pour obtenir le plus possible de plumes avec le moins possible de cris.

JEAN-BAPTISTE COLBERT

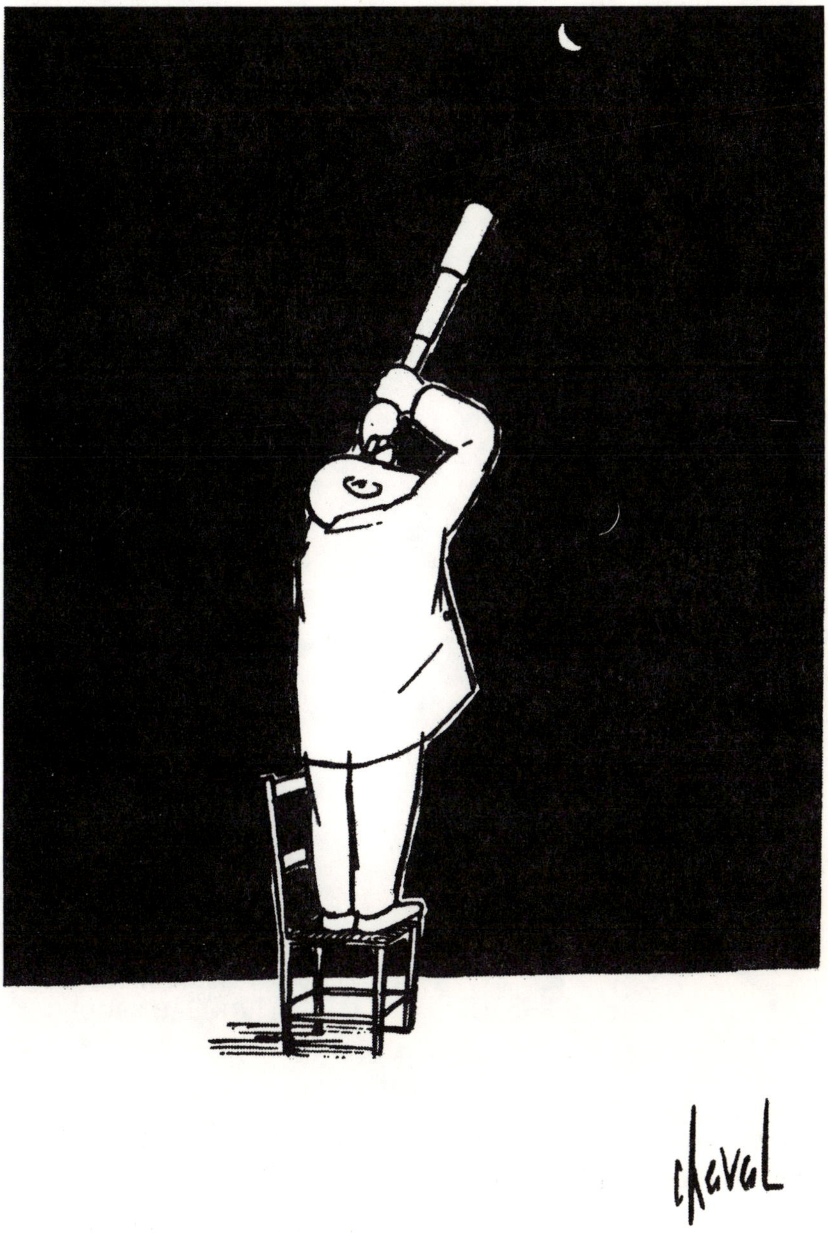
Chaval

Passer pour un idiot aux yeux d'un imbécile est une volupté de fin gourmet.

GEORGES COURTELINE

❦

De tous ceux qui n'ont rien à dire, les plus agréables sont ceux qui se taisent.

COLUCHE

❦

Pour voir loin, il faut y regarder de près.

PIERRE DAC

❦

Il y a des gens vraiment insupportables : ils ont tout pour être malheureux et ils ne le sont pas.

JOSÉ ARTUR

❦

Je ne dors pas longtemps, mais je dors vite.

ALBERT EINSTEIN

❦

Mieux vaut ne penser à rien que ne pas penser du tout.

SERGE GAINSBOURG

❦

Premiers rhumatismes. L'heure de l'arthrite a sonné.

JEAN YANNE

❦

Il y a des gens sur qui on peut compter. Ce sont généralement des gens dont on n'a pas besoin.

SACHA GUITRY

Il me reste suffisamment d'argent pour vivre tranquillement jusqu'à la fin de mes jours. Sauf si j'achète quelque chose.

JACKIE MASON

C'est souvent aux enterrements de l'un d'entre eux qu'on rencontre les membres de sa famille. Et à chaque fois on se dit : « On devrait se voir plus souvent ! »

SAM LEVENSON

Il ne faut jamais faire de projets, surtout en ce qui concerne l'avenir.

ALPHONSE ALLAIS

Ma mère est si grosse qu'elle doit enlever son pantalon pour fouiller dans ses poches.

DAMON WAYANS

Dieu ne recevra jamais le prix Nobel de la paix.

JOSÉ ARTUR

N'éveillez pas le con qui dort, c'est toujours ça de pris.

FRÉDÉRIC DARD

La chenille devient papillon, le cochon devient saucisson, c'est une grande loi de la nature.

FRANÇOIS CAVANNA

J'ai fait graver chez moi, à l'intérieur de ma porte : Sortie libre.

SACHA GUITRY

En nous faisant payer les chèques, les banques nous incitent à ne plus nous servir de notre chéquier et à utiliser les cartes de crédit, qui leur rapportent bien davantage. C'est ce qu'en termes de finance on nomme « une saine gestion » et, dans le milieu, « du racket ».

JEAN AMADOU

Quand les types de cent trente kilos disent certaines choses, les types de soixante kilos les écoutent.

MICHEL AUDIARD

Ce que je pense de Dieu ? Franchement, vous trouvez normal, vous, un mec qui crée un homard ? Pour inventer ça, faut être fou à lier ! À mon avis, il a réalisé la connerie qu'il avait faite et c'est pour se rattraper qu'il a créé l'homme ensuite. Pour qu'il bouffe le homard !

JEAN YANNE

Je vais tuer la ménagère de 43 ans, elle a un goût de cochon.

CLAUDE CHABROL

Tout, dans la vie, est l'affaire de choix. Cela commence par : la tétine ou le téton ? Et cela s'achève par : le chêne ou le sapin ?

PIERRE DESPROGES

Il y aurait plusieurs façons d'être con, mais le con choisit toujours la pire.

FRÉDÉRIC DARD

Les policiers ont des sirènes pour prévenir les voleurs.

PATRICK SÉBASTIEN

Je n'ai jamais assisté à une course de spermatozoïdes, et pourtant, j'ai souvent donné le départ.

OLIVIER DE KERSAUSON

Vouloir définir l'humour, c'est déjà prendre le risque d'en manquer.

GUY BEDOS

Quand je m'ennuie, je me fais un chèque.

JOSÉ ARTUR

L'Administration est un lieu où les gens qui arrivent en retard croisent dans l'escalier ceux qui partent en avance.

GEORGES COURTELINE

On ne prête qu'aux riches, et on a bien raison, parce que les autres remboursent difficilement.

TRISTAN BERNARD

Demander à un écrivain ce qu'il pense des critiques, c'est comme demander à un réverbère ce qu'il pense des chiens.

JOHN OSBORNE

Je n'aime pas travailler, mais j'admets que les autres travaillent.

ARTHUR ADAMOV

Depuis que ma femme gagne plus que moi, je la trouve moins belle.

GEORGES WOLINSKI

Une erreur peut devenir exacte, selon que celui qui l'a commise s'est trompé ou non.

PIERRE DAC

L'opinion publique est celle de ceux qui n'ont pas d'idées.

OSCAR WILDE

Sur mon passeport, il y a eu « artiste de variétés » et « artiste lyrique ». Maintenant, c'est « comédien ». En fait, je suis sans profession. Je dépanne de temps en temps au cinéma ou dans les salles de spectacle. Mais mon véritable métier, c'est cuisse de poulet arabe. Un métier extrêmement rare.

JACQUES DUTRONC

Jeanne d'Arc n'a pas sauvé la France en étant guerrière, mais en étant combustible.

OLIVIER DE KERSAUSON

Je préfère le foie gras au Viagra.

TOMI UNGERER

Une poule devant son omelette contemple l'ensemble de son œuvre.

JOSÉ ARTUR

Il faut dépenser le mépris avec une grande économie, à cause du grand nombre de nécessiteux.

FRANÇOIS RENÉ DE CHATEAUBRIAND

En 1969, j'ai arrêté de boire et de faire l'amour. Ça a été les vingt minutes les pires de ma vie.

GEORGE BEST

L'humour est une tentative pour décaper les grands sentiments de leur connerie.

RAYMOND QUENEAU

Il ne faut jamais regarder quelqu'un qui dort. C'est comme si on ouvrait une lettre qui ne vous est pas adressée.

SACHA GUITRY

Un homme qui n'aime ni les animaux ni les enfants ne peut pas être foncièrement mauvais.

W. C. FIELDS

Un homme digne de ce nom ne fuit jamais.
Fuir, c'est bon pour un robinet.

BORIS VIAN

Les hommes naissent libres et égaux… après ils se démerdent.

JEAN YANNE

Les trois étapes de la vie d'un homme : croire au père Noël, ne plus croire au père Noël, être le père Noël.

BOB PHILIPS

CSSO

S'endormir au volant, c'est très dangereux. S'endormir à vélo, c'est très rare. S'endormir à pied, c'est très con.

PHILIPPE GELUCK

CSSO

La laideur est certainement supérieure à la beauté, car au moins elle dure.

GEORG CHRISTOPH LICHTENBERG

CSSO

Les Anglais nous sont indispensables : comparées aux leurs, nos contradictions deviennent rationnelles, et leur originalité nous sert d'excuse.

JEAN AMADOU

CSSO

C'est très curieux : ce sont toujours les célibataires qui vous donnent des conseils pour élever des enfants.

PAUL CLAUDEL

CSSO

Pour gagner ma vie, j'ai vendu des meubles. Les miens.

LEE DAWSON

CSSO

Il ne faut jamais remettre au lendemain ce qu'on peut faire le jour même par un autre.

PIERRE DAC

CSSO

La seule école libre est l'école buissonnière.

JOSÉ ARTUR

꧁꧂

L'amour... il y a ceux qui en parlent et ceux qui le font.
À partir de quoi il m'apparaît urgent de me taire.

PIERRE DESPROGES

J'ai pris le Concorde. C'est tellement rapide que ça nous laisse deux heures supplémentaires pour attendre nos bagages.

BOB HOPE

Si la fortune vient en dormant, les emmerdements viennent au réveil.

PIERRE DAC

J'aime les hommes qui ont de l'avenir et les femmes qui ont un passé.

OSCAR WILDE

Il a bu trop d'eau-de-vie... Il en est mort.

PATRICK SÉBASTIEN

Je suis pour tout ce qui est contre et contre tout ce qui est pour.

PIERRE DAC

La chance existe. Sans cela, comment expliquerait-on la réussite des autres ?

MARCEL ACHARD

Si ceux qui disent du mal de moi savaient ce que je pense d'eux, ils en diraient bien davantage !

SACHA GUITRY

Je crois parfois que Dieu, en créant l'homme, a quelque peu surestimé ses capacités.

OSCAR WILDE

Faites des grimaces dans mon dos tant que vous voulez, mon cul vous contemple.

GUSTAVE FLAUBERT

J'ai avoué la vérité à ma femme : que je voyais un psychanalyste. Elle aussi m'a alors avoué la vérité : qu'elle voyait un psychiatre, deux plombiers et un barman.

RODNEY DANGERFIELD

Il est dangereux d'être sincère, à moins d'être aussi stupide.

GEORGE BERNARD SHAW

Ce qui n'arrive qu'aux autres m'arrive à moi aussi.

RAYMOND DEVOS

L'Alsace, c'est comme les cabinets : toujours occupée.

TOMI UNGERER

Le rire est une chose sérieuse avec laquelle il ne faut pas plaisanter.

RAYMOND DEVOS

Je pratique la fidélité conjugale comme d'autres pratiquent le yoga.

GEORGES WOLINSKI

Un chef-d'œuvre de la littérature n'est jamais qu'un dictionnaire en désordre.

JEAN COCTEAU

Si tu es athée, c'est que tu es de mauvaise foi.

FRÉDÉRIC DARD

Une escroquerie, c'est une bonne affaire qui a rencontré une mauvaise loi.

ALFRED CAPUS

La vie est courte, mais on s'ennuie quand même.

JULES RENARD

Un raseur est quelqu'un qui, si vous lui demandez comment il va, vous l'explique.

BERT TAYLOR

J'ai toujours trouvé paradoxale l'expression « il n'a pas inventé la poudre » pour désigner quelqu'un d'un peu stupide... il me semble au contraire que ne pas avoir inventé la poudre est un signe indubitable d'intelligence et de générosité.

JEAN AMADOU

Il ne faut jamais avoir plus d'enfants que de vitres à sa voiture.

ERMA BOMBECK

Je fais mon beurre en crachant dans la soupe.

JEAN YANNE

Un gentleman, c'est quelqu'un qui sait jouer de la cornemuse mais qui s'en abstient.

THOMAS BEECHAM

Copier un auteur, c'est du plagiat. Copier plusieurs auteurs, c'est de la recherche.

WILSON MIZNER

L'argent est rare, mais moins que les idées pour le prendre.

JEAN AMADOU

Beaucoup de gens sont malades quand ils sont vieux... C'est triste... D'un autre côté, ça les occupe.

PHILIPPE GELUCK

Quand on parle à Dieu, c'est une prière, quand c'est lui qui nous parle, c'est de la schizophrénie.

LILY TOMLIN

J'ai la vue qui baisse de jour en jour. Bientôt, je vais devoir porter des lentilles pour voir mes lunettes.

JEAN YANNE

Rentrer son ventre sur la balance ne rend pas moins lourd.

JOSÉ ARTUR

On peut rire de tout, mais pas pour rien.

PIERRE DAC

Le snobisme ultime : refuser de monter dans la même voiture que son chauffeur.

ANTHONY JAY

Sur plainte de l'évêque de Tarbes, le dénommé Augustin Izarraburru, charcutier à Lourdes (Hautes-Pyrénées), sera traduit en correctionnelle sous l'inculpation d'escroquerie et de tromperie sur la marchandise. Ce peu scrupuleux individu vendait en effet aux pèlerins trop crédules de l'andouillette, soi-disant consacrée, et des chapelets de cervelas, soi-disant bénits, en affirmant que sa camelote possédait des vertus curatives surnaturelles susceptibles de guérir les oreillons et les hémorroïdes d'origine administrative. De nombreuses personnes ont confirmé ses dires et ont déclaré qu'elles viendraient témoigner en sa faveur devant le tribunal.

JEAN YANNE

Quand on fait un discours, le pire, ce n'est pas de voir les gens regarder leur montre, c'est de les voir les secouer pour voir si elles ne sont pas arrêtées.

LORD BIRKETT

Un homme qui meurt par noyade revoit en un éclair toute sa vie passée, alors qu'il ferait mieux de nager.

FRANÇOIS CAVANNA

Depuis qu'elle m'a quitté, je dors de son côté du lit pour me donner l'impression que c'est moi qui suis parti.

PATRICK SÉBASTIEN

Un intellectuel, c'est quelqu'un qui pense à Picasso lorsqu'il regarde une saucisse.

A. P. HERBERT

J'aime les yorkshire. Y a pas mieux pour laver sa voiture.

BILLIAM CORONEL

Croyez-vous que les oiseaux qui vivent dans les aéroports ont une mauvaise image d'eux-mêmes ?

DENNIS MILLER

Je suis surpris qu'on n'ait pas encore pensé à la parabole gratuite pour l'achat de deux bibles.

JEAN YANNE

Mon seul regret dans la vie, c'est de ne pas être quelqu'un d'autre.

JERRY FARINOTTI

Le vain pur monte à la tête.

GEORGES PERROS

Dans la cinquième, c'est toujours Beethoven qui est en tête.

JOSÉ ARTUR

Je suis un voyant amnésique. Je sais par avance les choses que je vais oublier.

MICHAEL MCSHANE

J'ai fait croire à mes enfants, jusqu'à l'âge de 3 ans, que le père Noël n'existait pas.

PATRICK SÉBASTIEN

La vieillesse : d'abord on oublie les noms, puis les visages, puis on oublie de fermer sa braguette, puis on oublie de l'ouvrir.

GEORGE BURNS

Les mots les plus doux à entendre ne sont pas du tout « je t'aime » mais « c'est bénin ».

WOODY ALLEN

Je viens d'un pays ensoleillé où l'on ne se réveille que pour se reposer d'avoir dormi.

HENRI JEANSON

Je ne mets mes lunettes que pour de petites choses – conduire ma voiture, par exemple, ou la trouver.

JERRY FARINOTTI

Donnez-moi un aller simple pour Lourdes, dit le cul-de-jatte. Je reviendrai à pied.

FRANÇOIS CAVANNA

Après 50 ans, les premières fois deviennent rares.

GEORGES WOLINSKI

Les gens sont trop durs avec les fumeurs. Il faudrait être plus gentils avec eux, ils sont en train de mourir, quand même !

ROSEANNE BEAR

Quand on est vieux, tout notre corps nous fait souffrir, et ce qui ne nous fait pas souffrir ne fonctionne plus.

GEORGE BURNS

Dans la moitié des couples d'aujourd'hui, c'est l'homme qui s'occupe des enfants et l'autre homme qui va travailler.

JEAN YANNE

Je suis hypocondriaque. Enfin, selon mon gynécologue.

GREGG ROGELL

Se suicider, c'est essayer de mourir de son vivant.

PHILIPPE GELUCK

Il y a des êtres dont le seuil d'incompétence se décèle au saut de l'utérus.

JOSÉ ARTUR

Si Dieu avait voulu que les hommes volent, il aurait simplifié l'accès aux aéroports.

MILTON BERLE

C'est tellement sale chez eux qu'ils ont mis un paillasson à l'intérieur pour qu'on s'essuie les pieds avant de sortir...

PATRICK SÉBASTIEN

Je me méfie des psychanalystes : ces types qui essaient de faire votre bien dans votre dos...

RICHARD LEWIS

J'ai des amis qui ne manquent pas, avant de prendre l'avion, de consulter leur horoscope... Moi, ce qui m'intéresse vraiment, c'est celui du pilote !

JEAN AMADOU

La vie serait bien plus heureuse si nous pouvions naître à 80 ans et nous rapprocher peu à peu de 18 ans.

MARK TWAIN

Les hommes naissent égaux et puis... ils se mettent à boire.

COLUCHE

Les parents devraient toujours obliger leurs enfants à devenir des artistes. Y en aurait moins.

JEAN-CHARLES TACCHELLA

Il ne faut compter que sur soi-même. Et encore, pas beaucoup.

TRISTAN BERNARD

J'ai tellement peu de sex-appeal que mon gynécologue m'appelle monsieur.

JOAN RIVERS

L'important, ce n'est pas d'être marié ou non pour un acteur, l'important, c'est de ne pas avoir l'air marié.

JACQUES DUTRONC

Il y a des gens qui parlent, qui parlent – jusqu'à ce qu'ils aient enfin trouvé quelque chose à dire.

SACHA GUITRY

On réalise qu'on a vieilli quand on peut vivre sans sexe mais plus sans lunettes.

JEFF FOXWORTHY

Vous savez ce qu'il faut avoir quand on commence à perdre ses cheveux ? Le sens de l'humour !

JERRY FARINOTTI

Un Indien qui a la rougeole n'a pas l'air contagieux.

JOSÉ ARTUR

Le pastis, c'est comme les seins. Un, c'est pas assez et trois, c'est trop.

FERNANDEL

Le succès est le meilleur des somnifères.

POPECK

Faites en sorte d'avoir ce que vous désirez, sans quoi vous serez forcé d'aimer ce que vous avez.

GEORGE BERNARD SHAW

À quoi ressemblez-vous quand je n'ai pas bu ?

RING LARDNER

Il pleut des cordes... C'est un temps à se pendre.

PATRICK SÉBASTIEN

Je bois pour calmer mes nerfs. Hier soir, je les ai tellement calmés que je ne pouvais plus bouger.

JOE E. LEWIS

La guerre, c'est une chose trop grave pour la confier à des militaires.

GEORGES CLEMENCEAU

Quel bovin vous amène ?

ANTOINE BLONDIN

Si on est obligé de cloner des brebis, c'est parce qu'il n'y a plus suffisamment de légionnaires.

LAURENT RUQUIER

Nul n'est censé ignorer la loi. Il y a plus de deux cent mille lois.

JULES RENARD

Il ne faut pas désespérer des imbéciles, avec un peu d'entraînement on peut en faire des militaires.

PIERRE DESPROGES

La jeunesse est une chose merveilleuse. Quel gâchis de la laisser aux enfants !

GEORGE BERNARD SHAW

Il est très curieux de constater que dans l'armée, les statistiques le prouvent, la mortalité augmente bizarrement en temps de guerre.

ALPHONSE ALLAIS

L'humour, c'est de rire de tout ce qui est drôle, du moment que ça n'arrive qu'aux autres.

POPECK

Un soldat doit être prêt à mourir pour sa patrie, même au péril de sa vie.

HENRY MONNIER

La Terre est recouverte aux deux tiers d'eau. Je me demanderai toujours comment elle arrive à tourner sans en renverser.

PATRICK SÉBASTIEN

Il y a bien le patron des patrons, pourquoi pas l'ouvrier des ouvriers ?

José Artur

ଓଃ

La guerre est le seul moyen pour un militaire de montrer ce qu'il sait faire. Sans la guerre, Pétain et de Gaulle auraient pris leur retraite avec le grade de colonel et seraient restés totalement inconnus. Un général qui s'apitoie sur les malheurs de la guerre est aussi incongru qu'un chirurgien qui ne supporterait pas la vue du sang : mieux vaut qu'il change de métier.

Jean Amadou

ଓଃ

Il y a des femmes qui n'aiment pas faire souffrir plusieurs hommes à la fois, qui préfèrent s'appliquer à un seul : ce sont les femmes fidèles.

Alphonse Allais

ଓଃ

L'illusion est trompeuse mais la réalité l'est bien davantage.

Frédéric Dard

ଓଃ

On ne ment jamais autant qu'avant les élections, pendant la guerre et après la chasse.

Georges Clemenceau

ଓଃ

Quand une femme dit la vérité, c'est pour déguiser un mensonge.

Henri Jeanson

ଓଃ

Chaval

Heureusement que le monde va mal. Je n'aurais pas supporté d'aller mal dans un monde qui va bien !

GEORGES WOLINSKI

L'enfer est le paradis du diable.

TOMI UNGERER

Pour un aveugle, cacher un objet est un cauchemar.

JOSÉ ARTUR

Je ne porte jamais de slip. Ça fait pansement.

SERGE GAINSBOURG

La dictature, c'est « ferme ta gueule », et la démocratie, c'est « cause toujours ».

COLUCHE

Il vaut mieux être cocu que ministre… ça dure plus longtemps et l'on n'est pas obligé d'assister aux séances.

LÉO CAMPION

Zorro est obligé de mettre un masque pour qu'on le reconnaisse.

PATRICK SÉBASTIEN

J'adore parler de rien. C'est le seul domaine où j'ai de vagues connaissances.

OSCAR WILDE

Picasso est espagnol, moi aussi ! Picasso est un génie, moi aussi ! Picasso est communiste, moi non plus !

SALVADOR DALÍ

Pour que le poisson d'avril soit réussi, il faut qu'il soit cru.

JOSÉ ARTUR

Un jour, chacun pensera exactement ce qu'il a envie de penser, et alors tout le monde aura probablement les mêmes opinions.

ANDY WARHOL

Le gouvernement a un bras long et un bras court ; le long sert à prendre et arrive partout, le bras court sert à donner, mais il n'atteint que les plus proches.

IGNAZIO SILONE

80 ans, c'est l'âge de la puberté académique.

PAUL CLAUDEL

Nous avons connu le siècle des Lumières, nous vivons le siècle de l'éclairage.

TOMI UNGERER

Rester jeune, c'est se regarder tous les matins dans un miroir ébréché, pour se persuader que c'est lui qui a des rides.

PATRICK SÉBASTIEN

La meilleure façon de combattre les délinquants, c'est déjà de ne pas voter pour eux.

DAYTON ALLEN

S'il faut toujours dire la vérité à la clientèle, il n'y a pas de commerce possible.

MARCEL PAGNOL

Mes scènes préférées au cinéma ? Celles où j'ouvre la porte et où je quitte l'écran.

JACQUES DUTRONC

Il faisait tellement froid que j'ai vu un homme politique qui avait les mains dans ses propres poches !

HENRY YOUNGMAN

On ne va pas loin de nos jours avec un milliard de francs, surtout si on est convoyeur de fonds.

FRÉDÉRIC DARD

Les femmes n'ont jamais été aussi belles que depuis qu'elles se font belles pour elles-mêmes et non plus pour les hommes.

GEORGES WOLINSKI

La Sécurité sociale est en déficit. Ce déficit ne cesse de s'agrandir. Les divers gouvernements de droite ou de gauche qui se sont succédé n'ont rien pu faire et ne pourront rien à l'avenir. Le déficit se creuse, comme, inéluctablement, avance le désert. Cette dernière phrase est si belle que je devrais m'arrêter là. Hélas pour tous, j'ai envie de continuer. Il y a quelques années de cela, je bavardais avec un employé de la Sécurité sociale de mon quartier et, au cours de la conversation, nous en vînmes à évoquer ce fameux déficit. Je me souviens que j'avançai timidement l'idée que si ce déficit avait du mal à être comblé, c'était peut-être que les spécialistes n'utilisaient pas... la bonne pelle ! Après m'avoir giflé violemment, l'employé me félicita d'avoir trouvé le remède. Il fut le seul ! Les gens sont ingrats. Mais je m'aperçois (un seul *p*, s'il vous plaît, merci !), amer, que mon idée n'a pas fait son chemin. Le déficit ! Le déficit ! Toujours le déficit !

Alors, à quelques années d'intervalle, je propose à nouveau une solution qui, je l'espère, saura retenir l'attention des responsables :

Il faut supprimer tous les médicaments ! Sans exception ! Et interdire toutes les opérations chirurgicales sur l'ensemble du territoire et dans les départements d'outre-mer. J'affirme que ce n'est qu'en appliquant ces deux résolutions que le déficit pourra être comblé !

Plus de médicaments ! Plus d'opérations ! Partant, plus de remboursements !

Cependant, je ne me fais pas d'illusions : il faut beaucoup de courage politique pour appliquer ma solution.

Solution, je le précise, applicable du jour au lendemain, même par temps de pluie ! Alors, pourquoi hésiter ?

DANIEL PRÉVOST

L'esprit, c'est comme l'argent : on en a en général aux dépens d'autrui.

CLAUDE ROY

Pour se marier, il faut être deux, pour le rester, il faut être au minimum trois.

JOSÉ ARTUR

Chaval

À en croire mon conseiller fiscal, je suis condamné aux bravos forcés à perpétuité.

GUY BEDOS

⁂

J'ai toujours vu tout en noir. À commencer par ma mère, qui était veuve.

GEORGES WOLINSKI

⁂

On ne doit jamais avoir honte de ses lettres d'amour, mais parfois de l'adresse.

JOSÉ ARTUR

⁂

C'est au moment de payer les pots qu'on sent qu'on n'a plus soif.

CATHERIN BUGNARD

⁂

La liberté d'opinion n'est rien, en regard de la colossale liberté de rester assis au soleil quand on n'a pas envie de travailler.

SALVADOR DALÍ

⁂

Quand on parle pognon, à partir d'un certain chiffre, tout le monde écoute.

MICHEL AUDIARD

⁂

Moi je connais une princesse du sud de la France, elle a tellement vécu les jambes écartées qu'il lui faudra un cercueil en forme de Y !

JEAN YANNE

Ce qu'on est arrivé à faire avec le téléphone sans fil, est-ce qu'on va le réussir un jour avec les haricots ?

PHILIPPE GELUCK

Un avare est un imbécile qui se laisse mourir de faim pour garder de quoi vivre.

CHARLES NARREY

Combien de choses ne valent pas ce qu'elles coûtent... et bien rares sont celles qui coûtent moins cher que ce qu'elles valent.

JEAN AMADOU

Les femmes ressemblent aux girouettes, elles se fixent quand elles se rouillent.

VOLTAIRE

Quand je décide de me remettre au sport, j'achète *L'Équipe*.

JOSÉ ARTUR

Le chanteur humanitaire compose sur son piano à touches d'ivoire une chanson pour la sauvegarde des éléphants.

PATRICK SÉBASTIEN

On sait qu'on est vieux le jour où, à notre anniversaire, nos amis se rapprochent du gâteau pour se réchauffer.

GEORGE BURNS

Je ne suis pas aussi pensez que vous le saoul !

JOHN SQUIRE

Les cimetières sont éclairés au néant.

FRÉDÉRIC DARD

J'accepterai l'égalité des sexes le jour où les femmes accepteront d'être chauves et de trouver ça distingué.

SACHA GUITRY

Une relation, c'est quelqu'un qu'on connaît suffisamment pour lui emprunter de l'argent, pas assez pour lui en prêter.

AMBROSE BIERCE

C'est rarement dans les endroits où on finit ses nuits qu'on trouve celle avec qui on va finir ses jours.

PATRICK SÉBASTIEN

Je suis allé chez le docteur pour lui dire que j'entendais sonner dans ma tête. Il m'a conseillé de ne pas répondre.

RODNEY DANGERFIELD

Un couple de milliardaires a divorcé. Leurs avocats vécurent heureux et eurent beaucoup d'argent.

MILTON BERLE

Je ne parle pas aux cons, ça les instruit.

MICHEL AUDIARD

Je ne connais qu'une phrase en arménien, *Chapgavaou mparononaz emgazuim*, ce qui signifie : « J'irai rouler en voiture sur les bords de ton chapeau », ce qui, entre nous, n'est pas si simple que ça à placer dans une conversation.

JEAN YANNE

Notre pays est la seule nation au monde où il y a autant de problèmes qu'ailleurs.

GEORGE BERNARD SHAW

Il est une chose pire que d'être seule : c'est d'être seule à deux.

BARBARA

Je me souviens d'avoir loué une voiture à Londres et d'avoir demandé bêtement combien elle consommait. La réponse m'est arrivée sèche et précise : « vingt-cinq miles au gallon. » Sachant que le mile équivaut à mille six cent dix mètres et que le gallon correspond à quatre litres et demi, j'ai sacrifié une demi-journée à calculer la consommation de la voiture et, ayant trouvé soixante-trois résultats différents, j'ai abandonné.

JEAN AMADOU

Il y a des vies où on n'a envie de ne rien faire.

JOSÉ ARTUR

Je suis canadien. C'est comme un Américain, mais sans le pistolet !

JERRY FARINOTTI

Sauf erreur, je ne me trompe jamais.

ALEXANDRE VIALATTE

J'ai un copain mi-juif, mi-italien. S'il ne peut pas négocier un truc assez bas, il le vole.

JACKIE MASON

La maladie, la mort, c'est les inconvénients du direct.

JEAN-MARIE GOURIO

Dernière consigne : ne m'enterrez pas en grande pompe, mais à toute pompe !

SERGE GAINSBOURG

Si l'on y réfléchit bien, le Christ est le seul anarchiste qui ait vraiment réussi.

ANDRÉ MALRAUX

Le gouvernement fait beaucoup pour aider les handicapés. Il a rendu les cinémas accessibles aux handicapés physiques, la télévision accessible aux handicapés mentaux.

PATRICK TIMSIT

Intégrisme : Le foulard est un problème en soie.

LAURENT RUQUIER

On devient jeune à 60 ans. Malheureusement, c'est trop tard.

PABLO PICASSO

Une religion sans surnaturel, cela me fait penser à une annonce que j'ai lue ces années-ci dans les grands journaux : vin sans raisin.

EDMOND ET JULES DE GONCOURT

Je n'ai pas de prochain. Mes moyens ne me le permettent pas.

FRÉDÉRIC DARD

La chute d'Adam et d'Ève. Une erreur de genèse.

BORIS VIAN

De la même façon que les hétaïres vieillissantes sont souvent celles qui prônent la vertu, les fumeurs qui ont arrêté sont les plus terribles censeurs de ceux qui continuent.

JEAN AMADOU

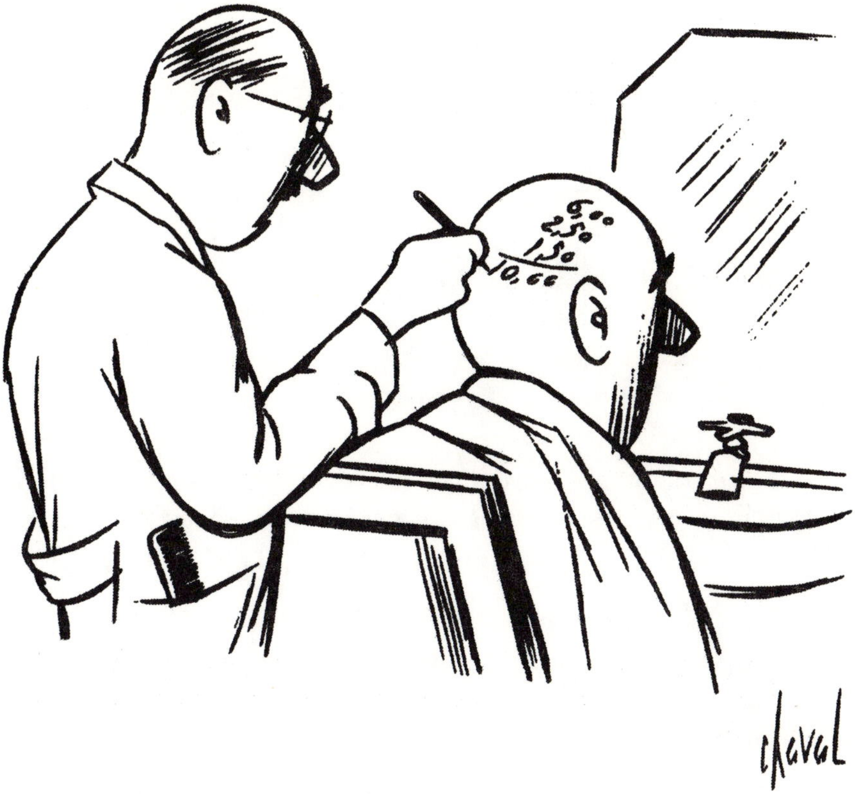

Je ne fais pas grand-chose, mais tout le temps.

JOSÉ ARTUR

La loi du sport est respectée : que le meilleur gagne !... de l'argent.

ANTOINE BLONDIN

Dieu a sagement agi en plaçant la naissance avant la mort ; sans cela, que saurait-on de la vie ?

ALPHONSE ALLAIS

La beauté, pour une femme, c'est d'être aussi bien de fesses que de face.

RAYMOND QUENEAU

Il faut bien mentir quelquefois quand on est évêque.

JEAN-JACQUES ROUSSEAU

Si vos parents approuvent que vous deveniez artiste, suivez mon conseil : changez de parents aussi vite que vous le pouvez !

GEORGE BERNARD SHAW

Les gens couverts de croix me font irrésistiblement penser à un cimetière.

PAUL LÉAUTAUD

J'ai été étonné des critiques que l'on a adressées à l'Église anglicane, sous prétexte qu'elle a investi dans les actions du laboratoire qui fabrique le Viagra. Dieu n'a-t-il pas dit à Noé : « Croissez et multipliez » ? Or, pour croître et multiplier, encore faut-il en avoir les moyens !

JEAN AMADOU

Si Jésus était juif, alors pourquoi avait-il un prénom espagnol ?

BILL MAHER

Acheter est bien plus américain que penser.

ANDY WARHOL

Les femmes laides doivent sûrement en savoir un peu plus sur les hommes que les belles femmes.

JACQUES DUTRONC

Quand je voudrai connaître votre opinion, je vous la donnerai.

SAM GOLDWYN

La différence entre les juifs et les catholiques, c'est que les premiers sont nés coupables, les autres ont appris à l'être au catéchisme.

ELAYNE BOOSLER

Désormais, on pourra être sénateur ou député à 18 ans et, donc, mis en examen à 19.

LAURENT RUQUIER

Ne fais pas aux autres ce que tu voudrais qu'ils te fassent : leurs goûts peuvent être différents.

GEORGE BERNARD SHAW

Il n'y a pas de fumeur sans feu.

JOSÉ ARTUR

Je fais des dons à toutes les religions. Je détesterais aller en enfer par simple négligence.

JERRY FARINOTTI

Un métier est une conspiration contre la paresse.

GEORGE BERNARD SHAW

L'alcool tue lentement. On s'en fout. On n'est pas pressés.

GEORGES COURTELINE

J'ai toujours voulu être quelqu'un. J'aurais dû être plus précis.

LILY TOMLIN

Quoi de plus charmant qu'un pique-nique, de plus reposant qu'un déjeuner sur l'herbe façon Renoir ? Mais vingt millions de vacanciers par jour en juillet, vingt millions par jour en août, ça fait deux milliards quatre cent quatre-vingts millions de déjeuners sur l'herbe. Le charme devient alors angoisse.

JEAN AMADOU

Le rire est à l'homme ce que la bière est à la pression.

PIERRE DAC

Héritier : C'est un homme qui vous prend le pouls chaque fois qu'il vous serre la main.

CATHERINE NAY

Un gynécologue mâle, c'est comme un garagiste qui n'aurait jamais eu de voiture.

CARRIE SNOW

L'homme ne tue pas seulement pour manger, il boit aussi.

ALPHONSE ALLAIS

Il ressemble à Louis XVI, mais il a au moins une tête de plus que lui.

FRÉDÉRIC DARD

Il vaut mieux être ivre mort qu'Yves Robert.

JACQUES DUTRONC

Si Dieu avait voulu qu'on aille à la messe, il aurait fait les bancs d'église plus confortables.

JEAN YANNE

Écrire, c'est une façon de parler sans être interrompu.

JULES RENARD

L'État est hors de prix, et on n'en a pas pour son argent.

JEAN DUTOURD

Tous les êtres humains pensent. Seuls les intellectuels s'en vantent.

PHILIPPE BOUVARD

Ma chambre d'hôtel était tellement petite qu'à chaque fois que je mettais ma clé dans la serrure de la porte d'entrée, je cassais un carreau.

MILTON BERLE

Le jour où les esturgeons apprendront le prix du caviar, ils deviendront prétentieux.

JOSÉ ARTUR

Je suis allé à l'aéroport. J'avais mes trois valises. J'ai demandé à ce qu'on en envoie une à Toronto, une à Cleveland et la dernière en Floride. Le responsable m'a dit que ce n'était pas possible. Je lui ai répondu : « Vous y êtes bien arrivé la dernière fois ! »

HENRY YOUNGMAN

La France est un pays extrêmement fertile. On y plante des fonctionnaires, il y pousse des impôts.

GEORGES CLEMENCEAU

J'ai un ami qui est moitié portugais, moitié juif. Il est concierge, mais l'immeuble lui appartient.

JACKIE MASON

Avant de nous rencontrer, nous étions déjà infidèles l'un à l'autre.

JEAN-LUC GODARD

Chien qui aboie ne mord pas, dit le proverbe. Moi je veux bien le croire, mais le chien, lui, est-ce qu'il le sait ?

POPECK

L'excès de zèle, c'est l'ambition du médiocre.

JEAN-PIERRE MOCKY

Il vaut mieux s'en aller la tête basse que les pieds devant.

MICHEL AUDIARD

L'argent aide à supporter la pauvreté.

ALPHONSE ALLAIS

Ma tante Rose... pas du tout une belle femme... elle ressemblait à un truc acheté dans une boutique d'appâts vivants.

WOODY ALLEN

Si j'avais une voix pareille, je me pendrais à mes cordes vocales.

HENRI JEANSON

L'inquiétude, c'est comme un intérêt payé par avance sur une dette qui n'existera pas.

DAVID MAMET

Il faut choisir, dans la vie, entre gagner de l'argent et le dépenser. On n'a pas le temps de faire les deux.

ÉDOUARD BOURDET

Je vois un désastre, je vois une catastrophe, pire, je vois des avocats !

WOODY ALLEN

Il faut bien qu'il y ait des cons pour qu'il y ait des crapules.

BERTRAND BLIER

Une femme doit toujours avouer son âge quand il lui va bien.

FRÉDÉRIC DARD

L'argent, c'est comme les femmes, pour le garder, il faut s'en occuper, sans cela il va faire le bonheur de quelqu'un d'autre.

ÉDOUARD BOURDET

L'amour ? On s'enlace.

FRÉDÉRIC DARD

À part moi une poignée de secondes par an, je ne connais rien qui mérite d'être pris au sérieux.

CLAUDE CHABROL

Parfois, quand je lis Goethe, un doute m'arrête : et si en fait il essayait d'être drôle ?

GUY DAVENPORT

Il existe deux façons d'obtenir un gros crédit d'une banque. La première est d'avoir beaucoup d'argent, la seconde, de lui en devoir énormément.

JEAN AMADOU

Un seul verre me suffit pour être saoul mais je ne sais jamais si c'est le treizième ou le quatorzième.

GEORGE BURNS

La stratégie, cela consiste à continuer à tirer pour faire croire à l'ennemi qu'on a encore des munitions.

HENRY MONNIER

On dit qu'il y a des défaites qui sont des victoires... Quand j'y pense, j'ai eu beaucoup de succès.

PATRICK TIMSIT

–Je suis deux régimes en même temps.
–Pour maigrir plus vite ?
–Non, parce qu'avec un seul, je n'avais pas assez à manger.

BARRY MARTER

La conscience, comme l'appendice, ne sert à rien, sauf à rendre l'homme malade.

ALEXANDRE VIALATTE

Chaque médaille a son revers, surtout si elle est militaire...

TOMI UNGERER

Ce qui fout tout par terre, il faut le foutre en l'air.

ANTOINE BLONDIN

Une vie entière de bonheur ? Personne ne pourrait le supporter. Ce serait l'enfer sur terre.

GEORGE BERNARD SHAW

Un alcoolique, c'est quelqu'un que vous n'aimez pas et qui boit autant que vous.

COLUCHE

Jʼaime mieux penser aux femmes que je n'ai pas eues qu'aux femmes dont je me suis contenté.

GEORGES WOLINSKI

La connerie, c'est la décontraction de l'intelligence.

SERGE GAINSBOURG

On a toujours tort d'essayer d'avoir raison devant les gens qui ont toutes les bonnes raisons de croire qu'ils n'ont pas tort.

RAYMOND DEVOS

Un sommet européen aux Pays-Bas, ça vous donne le niveau...

LAURENT RUQUIER

Il arrive que les assassins détaillants, ceux qui n'ont qu'une ou deux victimes à leur actif, esquissent avant le verdict, sous l'œil des parents de la victime, un regret. Les grossistes, jamais. Avez-vous entendu Hitler, Staline, Mao Tsé-toung, Pinochet, Franco, Kabila, Castro ou Hirohito déclarer : « Franchement, je suis désolé » ?

JEAN AMADOU

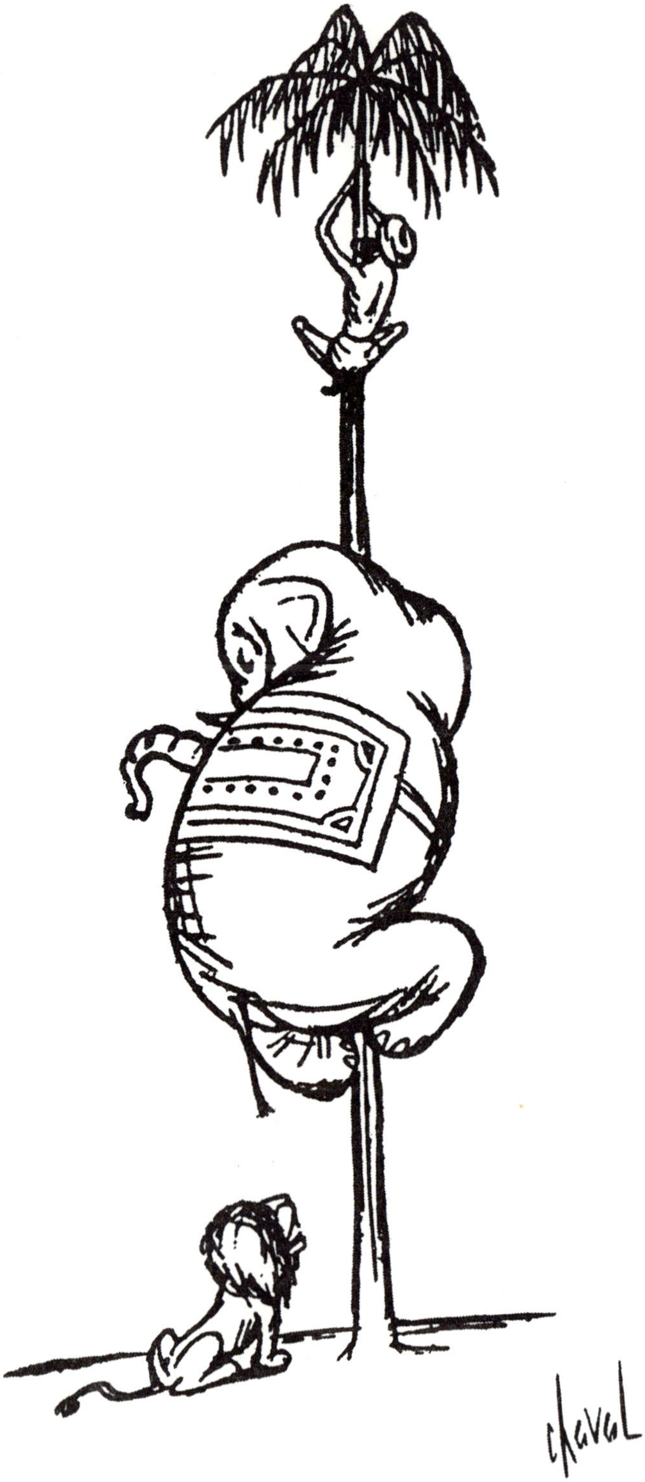
Chaval

Le langage des dégustateurs de vin me laisse indifférent. J'ai dit une fois à un connaisseur : « Ce vin a de la mémoire. » Il m'a félicité. De la même façon, j'aurais pu dire : « Il est bien garé. »

JACQUES DUTRONC

La bouffe n'est pas forcément un bonheur mais la mauvaise bouffe est un malheur !

CLAUDE CHABROL

J'ai trouvé deux choses à couper dans cette pièce : le deuxième acte et la gorge du jeune premier.

NOEL COWARD

Que celui qui n'a jamais pêché n'aille pas à Terre-Neuve.

JOSÉ ARTUR

Lorsqu'on n'a pas eu la chance d'avoir des parents alcooliques, il faut s'intoxiquer toute sa vie pour compenser la lourde hérédité de leurs vertus.

EMIL CIORAN

Le con ne perd jamais son temps, il perd celui des autres.

FRÉDÉRIC DARD

Un chagrin d'amour ne dure que jusqu'au prochain amour.

PIERRE PERRET

Pour certains, la mort, c'est la seule façon qu'ils ont de se prouver qu'ils étaient vivants.

JACQUES DUTRONC

◊

Le seul avantage de la maladie de Parkinson, c'est qu'on peut préparer un cocktail en cinq secondes.

MICHAEL J. FOX

◊

La femme est le roman de l'homme.

JEAN DUTOURD

◊

Je ne suis pas un battant. Quand c'est trop compliqué, je renonce. Si j'apprends qu'il y a des bouchons sur l'A86, je prends l'A5.

JEAN YANNE

◊

Le concombre doit être coupé en tranches fines, assaisonné avec du vinaigre, du sel, du poivre, puis jeté à la poubelle.

SAMUEL JOHNSON

◊

C'est quand on commence à payer des pensions alimentaires qu'on se rend compte à quel point un mois ça passe vite !

JEAN YANNE

◊

L'homme est un singe qui a mal tourné.

FRANÇOIS CAVANNA

◊

L'Afrique souffre de surcopulation.

TOMI UNGERER

Il y a deux sortes de femmes : celles qui sont trop bien pour moi et celles pour qui je suis trop bien.

GEORGES WOLINSKI

Tout homme est présumé innocent jusqu'à ce qu'il soit élu.

LAURENT RUQUIER

Une chose est sûre, on peut aimer quelqu'un pour toujours, mais on ne peut pas l'aimer tout le temps.

NATHALIE BAYE

On cesse d'être jeune quand on commence à être obsédé par le thermostat.

JEFF FOXWORTHY

Tout va mal ! Le monde est inversé. Il n'y a plus de valeurs ! À notre époque, le riche est maigre, le pauvre est gros, le riche se crève, le pauvre ne fait rien.

GEORGES WOLINSKI

Il y a le suicide. Ce n'est pas mal. Mais on aurait pu penser à son contraire.

GEORGES PERROS

La France est le seul pays où le mode de scrutin s'adapte aux sensibilités politiques. Chez nos voisins, les sensibilités politiques s'adaptent au mode de scrutin, ce qui les préserve de ce qui nous pend au nez : avoir un jour autant de partis que d'électeurs.

JEAN AMADOU

Les femmes m'ont souvent beaucoup distrait, même de l'argent.

JOSÉ ARTUR

Ne me confiez pas de secret, je le répéterai sous la torture.

JEAN CARMET

Le visage de la femme, pour être érotique, doit être supportablement désagréable.

SALVADOR DALÍ

L'argent est préférable à la pauvreté, ne serait-ce que pour des raisons financières.

WOODY ALLEN

Un discours de remerciement : Et je tiens à remercier mon père et ma mère, sans qui je n'aurais jamais cherché l'amour chez le public.

BETSY SALKIND

Comment voulez-vous gouverner un pays qui a 246 variétés de fromages !

CHARLES DE GAULLE

C'est parce que la fortune vient en dormant qu'elle arrive si lentement.

ALPHONSE ALLAIS

Il suffit qu'un corps soit plongé dans un liquide pour que le téléphone sonne.

PETER ROBIN

Seuls les gens qui ont l'air ennuyeux entrent en politique, et seuls les gens qui le sont vraiment y font carrière.

OSCAR WILDE

Les boules Quies sont le Walkman du pauvre.

PATRICK SÉBASTIEN

Le joueur de rugby avait plaqué sa femme après deux essais.

JOSÉ ARTUR

Je ne te dirai pas combien je pèse, mais un conseil : ne prends jamais l'ascenseur avec moi. Sauf si tu veux descendre.

JACK E. LEONARD

Dieu a créé les seins pour nourrir les enfants et on y met des prothèses pour nourrir les docteurs.

PATRICK SÉBASTIEN

Mon grand-père buvait un litre de whisky par jour et il est mort à 103 ans. À l'incinération, on a cru que le feu ne s'arrêterait jamais.

SLAPPY WHITE

Si le gouvernement créait un impôt sur la connerie, il serait tout de suite autosuffisant.

JEAN YANNE

Elle a acquis la certitude que son mari la trompait à un point noir qu'il n'avait plus entre les deux omoplates.

PATRICK SÉBASTIEN

ꕥ

Je peux compatir à tout, sauf à la souffrance.

OSCAR WILDE

ꕥ

Le conducteur français n'aime pas qu'on le double, suivant un raisonnement des plus parfaitement cartésiens. Puisqu'il roule déjà lui-même au-dessus de la vitesse autorisée, celui qui tente de le doubler est à l'évidence un fou dangereux et, en tant que tel, doit être sanctionné.

JEAN AMADOU

ꕥ

Je suis bien forcé de dire que j'ai du génie pour que les autres répètent que j'ai du talent.

SACHA GUITRY

ꕥ

L'homme n'est pas fait pour travailler. La preuve, c'est que ça le fatigue.

GEORGES COURTELINE

ꕥ

La notoriété, c'est comme de manger des cacahuètes : quand on commence, on ne peut plus s'arrêter.

ANDY WARHOL

ꕥ

C'est beau d'être vertueux, mais apprendre aux autres à l'être, c'est encore plus beau… et tellement plus facile.

MARK TWAIN

L'homme qui sort de chez lui est déjà un cocu en puissance.

FRÉDÉRIC DARD

Je veux qu'on m'enterre dans ma Rolls. Double paye au fossoyeur.

SERGE GAINSBOURG

…et je me souviendrai toute ma vie des derniers mots de ma grand-mère : « Un camion ! »

EMO PHILIPS

Quand je pense aux livres de chevet de certains de mes amis, je me demande comment ils font pour se réveiller.

MARCEL ACHARD

La chaîne du mariage est si lourde qu'il faut être deux pour la porter, souvent trois.

ALEXANDRE DUMAS

Le meilleur moyen de faire tourner la tête à une femme, c'est de lui dire qu'elle a un joli profil.

SACHA GUITRY

La confiture n'est bonne que s'il faut monter sur une chaise pour attraper le pot dans le placard.

ALEXANDRE VIALATTE

Dix fois les journalistes ont annoncé ma mort. Sur ma tombe, il faudra écrire : « Encore ! »

JACQUES DUTRONC

Excepté le malheur, il n'y a rien de pire que le bonheur.

GEORGE BERNARD SHAW

C'est drôle comme les gens qui se croient instruits éprouvent le besoin de faire chier le monde.

BORIS VIAN

Il y a des couples qui se détestent avec fureur pendant plusieurs heures de suite, des couples qui se détestent en permanence, et des couples qui ne se détestent jamais. Ces derniers sont en général incapables de détester qui que ce soit.

GEORGE BERNARD SHAW

Le fond de l'air est frais. Sa surface aussi.

ALEXANDRE VIALATTE

Il faudrait inventer une clé pour remonter le moral.

TOMI UNGERER

Prendre les femmes pour ce qu'elles ne sont pas et les laisser pour ce qu'elles sont.

SERGE GAINSBOURG

Dieu : faut y croire pour le voir !

JEAN YANNE

Si vous avez peur d'être seul, n'essayez pas d'avoir raison.

JULES RENARD

Le piston ne marche qu'avec les huiles.

PHILIPPE BOUVARD

Être dur de la feuille n'empêche pas pour autant d'être mou de la branche et réciproquement.

PIERRE DAC

S'il y a un Dieu, ses pauses-déjeuner sont interminables.

KENNETH BRANAGH

Quoi qu'on dise, un mariage raté est quand même plus joyeux qu'un enterrement réussi.

YVAN AUDOUARD

– Il faut tenir compte du fait que l'architecte n'a que 4 ans.

Quand le cœur d'un grand homme cesse de battre, on donne son nom à une artère.

PIERRE DANINOS

☙

La langoustine au microscope, on la mangerait pas, on chercherait un vaccin.

JEAN-MARIE GOURIO

☙

Comme il n'avait pas d'amis, personne ne pensa à nuire à son succès.

ANATOLE FRANCE

☙

Le sexe, j'y connais rien : je suis un homme marié.

JACQUES DUTRONC

☙

À un général, on dit : mon général.
À un colonel, on dit : mon colonel.
À un adjudant, on dit : mon adjudant.
À un deuxième classe, on dit : ta gueule ; à condition d'être un adjudant.

PIERRE DESPROGES

☙

Le contribuable n'a jamais fait de différence entre la rigueur budgétaire de gauche et l'austérité budgétaire de droite. Il faut avoir un sens aigu des nuances pour parvenir à distinguer le coup de pied au cul de ses ennemis de celui distribué par ses amis.

JEAN AMADOU

☙

On ne choisit pas ses parents, on ne choisit pas sa famille. On ne se choisit même pas soi-même.

PHILIPPE GELUCK

La bigamie, c'est avoir une femme de trop. La monogamie aussi.

JOHN HEYWOOD

Laissons les jolies femmes aux hommes sans imagination !

MARCEL PROUST

Comment ? Il travaille ? Il n'a rien d'autre à faire ?

GEORGES COURTELINE

Louis XIV fuyait les miroirs tant il craignait l'insolation.

JACQUES PRÉVERT

Rien ne ressemble plus à un innocent qu'un coupable qui ne risque rien.

TRISTAN BERNARD

Avec mon tempérament, si je mangeais de la viande, il n'y aurait plus une seule femme en sécurité dans tout Londres !

GEORGE BERNARD SHAW

Les ministres qui s'occupent de nos finances inspirent toujours plus confiance aux Français quand ils sont gros que quand ils sont maigres.

JEAN AMADOU

J'ai trouvé un superrégime – j'ai le droit de manger tout ce que je veux, mais seulement en présence d'obèses nus.

ED BLUESTONE

Les films français sont faits par des cons pour des gens intelligents. Je préfère les films américains. Ils sont faits par des gens intelligents pour des cons.

GEORGES WOLINSKI

Je ne crois pas être un grand cinéaste et je m'en fous. Être un grand, un moyen, un petit cinéaste... je suis un cinéaste d'un mètre soixante-quatorze... soixante-treize maintenant – on se tasse avec le temps.

CLAUDE CHABROL

Le sexe sans amour n'est pas toujours drôle... mais c'est plus drôle que l'amour sans le sexe !

GEORGES WOLINSKI

Surmenage : Dangereuse maladie affectant les hauts fonctionnaires désireux d'aller à la pêche.

AMBROSE BIERCE

La médecine a fait depuis un siècle des progrès sans répit, inventant par milliers des maladies nouvelles.

LOUIS SCUTENAIRE

Le portemanteau du clochard, c'est lui.

PATRICK SÉBASTIEN

Quand je prends un fusil, la place la plus sûre pour un faisan est juste en face du canon.

SYDNEY SMITH

Cacher son âge, c'est supprimer ses souvenirs.

ARLETTY

Un matin si gris que les oiseaux se recouchent.

JULES RENARD

Quand on a vu beaucoup d'Allemandes, qu'une vraie vache fait plaisir !

PAUL CLAUDEL

Académicien ? Non. Le costume coûte trop cher. J'attendrai qu'il en meure un de ma taille.

TRISTAN BERNARD

Les moutons sont tellement cons que la cervelle a pas de goût.

JEAN-MARIE GOURIO

Ϭ

La modestie n'est pas une vertu, seulement de la prudence.

GEORGE BERNARD SHAW

Ϭ

Un jeune con est assurément plus redoutable qu'un vieux : il a tout l'avenir devant lui !

PIERRE PERRET

Ϭ

Il vaut mieux gâcher sa jeunesse que de ne rien faire du tout.

GEORGES COURTELINE

Ϭ

Les livres, je ne regarde que les titres. Pas le nom des auteurs. Les génériques, ça fait chier !

JACQUES DUTRONC

Ϭ

Quand on se fait vieux, on se réveille chaque matin avec l'impression que le chauffage ne marche pas.

ROMAIN GARY

Ϭ

Chaque fois qu'un homme la regarde, une femme vieillit ou rajeunit. Cela dépend du regard.

GILBERT CESBRON

Ϭ

Concours Lépine.

Est jeune tout homme qui a oublié de vieillir parce qu'il avait beaucoup mieux à faire dans la vie.

PETER USTINOV

La peur de vieillir est la plus sûre façon de vieillir.

JEANNE MOREAU

C'est difficile de dire aux gens qu'on les aime – quand on les aime vraiment.

TRISTAN BERNARD

Je sais pourquoi tant de gens aiment couper du bois. C'est une activité où l'on voit tout de suite le résultat.

ALBERT EINSTEIN

Quand un homme n'est plus misogyne, c'est souvent qu'il n'aime plus les femmes.

BERNARD FRANK

Si j'étais riche, je ne ferais que ça !

FRÉDÉRIC DARD

En amour, il faut garder ses distances pour éviter l'accrochage.

JACQUES DUTRONC

Une gifle : autant en emporte le vlan !

TOMI UNGERER

Je suis bourrée de complexes, mais je n'ai jamais eu celui de ne pas être blonde.

BÉATRICE DALLE

La plus grande leçon de la vie est d'apprendre que même les idiots ont parfois raison.

WINSTON CHURCHILL

Il est préférable d'être bête et ébloui qu'intelligent et déçu.

FRANÇOISE SAGAN

La chanson nous débarrasse de ceux qui se croient poètes.

JEAN COCTEAU

Je n'ai pas parlé à ma belle-mère depuis dix mois. Je n'aime pas l'interrompre.

KEN DODD

J'aurai passé ma vie à confirmer la règle.

SACHA GUITRY

chaval

Rien de tel que les faiblesses des grands hommes pour rassurer les petits.

PHILIPPE BOUVARD

La parole a été donnée à l'homme pour déguiser sa pensée !

TALLEYRAND

Voler les impôts, c'est comme mourir dans un cimetière.

PATRICK SÉBASTIEN

Si une personne est moche, elle n'est pas handicapée par la vie mais par sa sale tronche.

JEAN YANNE

Penser, c'est chercher des clairières dans une forêt.

JULES RENARD

Vis ton présent et laisse ton passé pour l'avenir.

FRÉDÉRIC DARD

L'homme est la plus belle conquête du con.

FRANÇOIS CAVANNA

Le couple, c'est autrui à bout portant.

JACQUES CHARDONNE

Le temps perdu à bâiller ne se retrouve jamais.

JEAN DUTOURD

On n'a jamais raison contre un soldat.

PIERRE PERRET

Il était si sale que, quand un chien le léchait, on pouvait penser que c'était pour le nettoyer.

JULES RENARD

Ce qu'il y a de mieux dans le lait des mamans, c'est l'emballage.

COLUCHE

Il faut vivre vieux, et même très vieux, et même excessivement vieux. Ainsi on a le plaisir, au fil des années, d'enterrer les gens qui se moquent de vous.

JEAN DUTOURD

Il avait reçu d'un industriel un pot-de-vin, qui n'était pas énorme et dont la modicité même ôtait toute excuse au ministre qui l'avait accepté.

ANATOLE FRANCE

La femme sera vraiment l'égale de l'homme le jour où, à un poste important, on désignera une femme incompétente.

Françoise Giroud

☙

Dépourvue d'âme, la femme est dans l'incapacité de s'élever vers Dieu. En revanche, elle est en général pourvue d'un escabeau qui lui permet de s'élever vers le plafond pour faire les carreaux. C'est tout ce qu'on lui demande.

Pierre Desproges

☙

Je suis allé à Lourdes avec ma femme. Il n'y a pas eu de miracle. Je suis revenu avec.

Seymour Brussel

☙

Les femmes qui nous aiment pour notre argent sont bien agréables : on sait au moins ce qu'il faut faire pour les garder.

Francis Blanche

☙

Il y a trois milliards de femmes sur Terre. S'il y en a une qui me dit non, il en reste deux milliards neuf cent quatre-vingt-dix-neuf millions neuf cent quatre-vingt-dix-neuf mille neuf cent quatre-vingt-dix-neuf... et si toutes celles-là me disent non... eh bien, il y a peut-être de la vie sur Neptune.

Patrick Timsit

☙

La loi, cette bonne fille, sourit à qui la viole.

Georges Courteline

☙

PLUS PRÈS DE TOI MON DIEU
PIEM

Elle avait une bouche tellement sensuelle que les tubes de rouge à lèvres sortaient spontanément de leur étui.

FRÉDÉRIC DARD

଍

Dieu a fait l'homme avant la femme pour lui permettre de placer quelques mots !

JULES RENARD

଍

Le mari idéal, c'est celui qui rentre tôt, fait les courses, la vaisselle et s'occupe des enfants. On en conclut que le mari idéal, c'est la femme !

BRUNO GACCIO

଍

Il ne faut jamais avoir confiance en une femme qui vous dit son âge véritable. Une femme capable de vous dire cela est capable de vous dire n'importe quoi.

OSCAR WILDE

଍

J'ai rencontré ma seconde femme à une soirée échangiste. Malheureusement, j'arrive toujours le dernier.

MONTY PYTHON

଍

À tout choisir, je préférerais encore être cocu que jaloux. On souffre moins.

CLAUDE CHABROL

଍

Celui qui se contredit a plus de chances qu'un autre d'exprimer quelquefois du vrai.

ANATOLE FRANCE

La vraie gentillesse, c'est sourire aux aveugles.

PATRICK SÉBASTIEN

Une femme bien élevée : une de ces femmes qui veulent bien faire comme les autres, à la condition que les autres n'en sachent rien.

GEORGES COURTELINE

La femme a la passion du calcul : elle divise son âge par deux, double le prix de ses robes, triple les appointements de son mari et ajoute cinq ans à l'âge de sa meilleure amie.

MARCEL ACHARD

S'il fallait tolérer aux autres tout ce qu'on se permet à soi-même, la vie ne serait plus tenable.

GEORGES COURTELINE

L'avenir d'un homme c'est : pauvre ou riche. L'avenir d'une femme, c'est : pauvre et ridée ou riche et liftée.

FRANÇOIS CAVANNA

Le jour de votre mariage, quand vous passez la bague au doigt de votre épouse, n'oubliez pas de lui prodiguer l'indispensable conseil pratique, le mode d'emploi, la notice : « Tu vois, chérie, pour que cette bague ne perde rien de son éclat et reste brillante, il faut absolument la tremper au moins deux fois par jour dans l'eau de vaisselle. »

JEAN YANNE

Étant donné que les jupes raccourcissent et que les décolletés se font de plus en plus bas, il suffit d'attendre que les deux se rejoignent.

PIERRE-JEAN VAILLARD

Être une femme dispense au moins d'en avoir une.

ROLAND DUBILLARD

Faites comme moi, épousez un archéologue. C'est le seul homme qui vous regardera avec de plus en plus d'intérêt à mesure que passeront les années.

AGATHA CHRISTIE

À La Haye, les gens sont tellement propres que, quand ils ont envie de cracher, ils prennent le train pour aller cracher à la campagne.

GEORGES COURTELINE

Les femmes ont tous les défauts : elles sont autoritaires, dépensières, sans culture. Et le pire de tous : elles sont jolies.

PAUL MORAND

La meilleure façon de ruiner un homme qui ne sait pas gérer son argent est de lui en donner davantage.

GEORGE BERNARD SHAW

Si l'administration militaire faisait correctement son travail, il n'y aurait pas de Soldat inconnu.

FRANÇOIS CAVANNA

L'amour est aveugle, mais le mariage lui rend la vue.

GEORG CHRISTOPH LICHTENBERG

Le monde est fait d'imbéciles qui se battent contre des demeurés pour conserver une société absurde.

JEAN YANNE

Si vous voulez plaire aux femmes, dites-leur ce que vous ne voudriez pas qu'on dise à la vôtre.

JULES RENARD

Il est très difficile de faire entrer une femme dans sa quarantième année. Et plus difficile encore de l'en faire sortir.

ANDRÉ ROUSSIN

Les femmes préfèrent les hommes qui les prennent sans les comprendre aux hommes qui les comprennent sans les prendre.

MARCEL PRÉVOST

CLASSE DE
NEIGE
PIEM

L'entracte à une mauvaise pièce rappelle assez bien la cour du lycée. Malheureusement, cela ne dure pas plus qu'une récréation. Au bout d'un quart d'heure, la sonnette retentit pour vous ramener en classe.

JEAN DUTOURD

Si la femme était bonne, Dieu en aurait une.

SACHA GUITRY

Sur Terre, il y a quatre femmes pour un homme… Qui a piqué ma part ?

PATRICK TIMSIT

Certaines femmes aiment tellement leur mari que, pour ne pas l'user, elles prennent ceux de leurs amies.

ALEXANDRE DUMAS FILS

Certains maris ne sont bons qu'à être cocus, et encore faut-il que leur femme les aide.

GEORGES FEYDEAU

Une femme est franche quand elle ne fait pas de mensonges inutiles.

ANATOLE FRANCE

Quand on a faim, on trouve toujours un copain qui vous paie à boire.

ALEXANDRE BREFFORT

Pourquoi essayer de faire semblant d'avoir l'air de travailler ? C'est de la fatigue inutile.

PIERRE DAC

Le mot le plus sournois de la langue française est « déclaration ». Comment peut-il servir à la fois pour la guerre, les impôts et l'amour ?

PATRICK SÉBASTIEN

Il reste encore beaucoup à faire pour que la condition des femmes soit aussi mauvaise que la nôtre.

ANDRÉ FROSSARD

Quand deux maisons ne se touchent pas, ça fait une rue.

JULES RENARD

Les amis font toujours plaisir, assurait-il. Si ce n'est pas quand ils arrivent, c'est quand ils partent.

ALPHONSE KARR

Les femmes laides n'ont été mises sur la Terre que pour faire la consolation des aveugles.

LOUIS AUGUSTE COMMERSON

On m'a souvent empêché de dire ce que je pensais. Ça tombait bien, je ne pensais pas toujours ce que je disais.

PATRICK SÉBASTIEN

S'aimer soi-même, c'est l'assurance d'une longue histoire d'amour.

OSCAR WILDE

Les vieux cons ne sont jamais que de jeunes imbéciles qui ne se sont pas améliorés avec le temps.

JEAN AMADOU

On devrait se méfier davantage des promesses des hommes politiques puisqu'ils ne peuvent nous faire de cadeaux qu'avec ce qu'ils nous prennent.

PHILIPPE BOUVARD

Le romantisme est à la femme ce que le couteau à huître est au mollusque : un moyen de l'ouvrir.

OLIVIER DE KERSAUSON

Quand vous faites la cour à une Française et qu'elle vous dit « non » ou « oui », ça veut vraiment dire « non » ou « oui » ? Peut-être.

WILLIAM STYRON

Si on ne faisait les choses qu'après y avoir mûrement réfléchi, on ne coucherait jamais avec personne.

RAY BRADBURY

Les gens intelligents sont ceux qui changent d'avis avant les autres.

ANDRÉ FROSSARD

Le Trésor public fait de plus en plus de retenue à la source. J'attends l'étape suivante, quand le percepteur viendra demander du fric directement aux mecs qui vont bosser le matin. On paie, sinon on ne peut pas aller travailler.

JEAN YANNE

Si la connerie n'est pas remboursée par les assurances sociales, vous finirez sur la paille.

MICHEL AUDIARD

Le billard, c'est le ping-pong des riches.

JEAN CARMET

Traiter son prochain de con n'est pas un outrage mais un diagnostic.

FRÉDÉRIC DARD

ଓଃ

Les gens qui regardent la télé voudraient qu'on arrive chez eux en smok alors qu'eux la regardent avec des pantoufles et devant une nappe en plastique.

SERGE GAINSBOURG

ଓଃ

Je ne peux que m'étonner devant la gloire injustifiée de Christophe Colomb. De vous à moi, franchement, l'Amérique, c'était pas bien difficile à découvrir, vu la hauteur des buildings.

JEAN YANNE

ଓଃ

Si les cheminots sont mécontents, c'est moi qui ne peux plus voyager, si les postiers sont en colère, c'est moi qui ne reçois plus de courrier, si les employés des transports en commun sont mal payés, c'est moi qui marche, si les agents de l'EDF ont des problèmes, c'est moi qui reste coincé dans l'ascenseur, et si les agriculteurs ne peuvent pas vendre leurs veaux, c'est encore moi qu'on bloque sur les routes. Je suis toujours au milieu et j'en ai assez. Je veux que, lorsque les autres sont embêtés, ils s'adressent directement à ceux qui les embêtent, sans passer par mon intermédiaire.

JEAN AMADOU

ଓଃ

On ne doit pas croire tout ce qu'on nous dit. Mais on peut le raconter...

COLUCHE

ଓଃ

J'ai connu un amnésique qui n'a jamais oublié d'être con.

PHILIPPE GELUCK

~

Les cons ne mènent pas le monde, mais pour mener le monde il faut plaire aux cons.

FRANÇOIS CAVANNA

~

J'ai un chien qui mord tout le monde sauf moi. C'est assez agréable.

SERGE GAINSBOURG

~

Les intellectuels de gauche disent des trucs formidables. Mais, en randonnée à vélo dans le Lubéron, ils ont l'air un peu cons.

BERTRAND BLIER

~

J'aime prendre des pilules avant de déjeuner. Même quand je n'ai rien. Je trouve que ça fait bien de sortir sa plaquette, comme ça, les gens te ménagent.

CLAUDE CHABROL

~

Pastis contre Ricard ? Halte à la guerre des polices.

JEAN-MARIE GOURIO

~

Un conseil d'ami : si l'envie vous prend de travailler, vous savez ce qu'il faut faire ? Vous allonger une demi-heure et attendre. Vous verrez, ça passera.

COLUCHE

~

PIEM

Mangez beaucoup d'ail. Il rajeunit l'organisme et écarte les importuns.

ALEXANDRE VIALATTE

Quand on n'est pas le percepteur, on n'a pas le droit de voler le monde !

MARCEL PAGNOL

Il ne suffit pas d'être heureux : il faut encore que les autres ne le soient pas.

JULES RENARD

Bleu. Qui est une couleur voisine du rouge, mais pas très...

PIERRE DESPROGES

Être riche, ce n'est pas avoir de l'argent – c'est en dépenser.

SACHA GUITRY

Un concerné n'est pas obligatoirement un imbécile encerclé.

PIERRE DAC

Un homme parti de zéro pour n'arriver à rien n'a de merci à dire à personne.

PIERRE DAC

Le commerce va très mal : même les gens qui ne payaient jamais n'achètent plus.

PIERRE DAC

Si on payait mieux les bénévoles, ça donnerait peut-être envie à plus de gens de travailler gratuitement.

PHILIPPE GELUCK

Les gendarmes ont grand tort de malmener les criminels. Sans eux, ils n'existeraient pas.

ALPHONSE ALLAIS

La preuve que la lune est habitée, c'est qu'il y a de la lumière.

FRANCIS BLANCHE

Quand je vois un acteur se mêler au populo et afficher des idées de gauche, je pense : « Tant mieux pour lui. Il a réussi. Ses économies sont en Suisse. Son fils sera médecin. Et il va pouvoir acheter et restaurer un château historique. »

ARLETTY

Pourquoi payer ses impôts sur le revenu ? Il vaut mieux attendre qu'ils repartent.

PIERRE DAC

PIEM

Les Chinois mangent avec des baguettes parce qu'ils font de la cuisine trop chaude.

FRÉDÉRIC DARD

Les fonctionnaires sont un peu comme les livres d'une bibliothèque : ce sont les plus hauts placés qui servent le moins...

GEORGES CLEMENCEAU

Les gens adorent annoncer des nouvelles, surtout les mauvaises.

JEAN CARMET

On ne m'a jamais proposé assez d'argent pour que cela vaille la peine que je me vende.

GEORGES WOLINSKI

Je suis très velu, j'ai été élu Monsieur Angora à Saint-Tropez.

JEAN YANNE

Un banquier est un homme qui vous prête un parapluie quand il fait beau et vous le reprend quand il pleut.

GEORGE BERNARD SHAW

Dans un mauvais roman policier, le coupable n'est jamais loin, c'est l'auteur.

ROBERT SABATIER

La carrière d'une star commence quand elle a du mal à entrer dans son chemisier et se termine quand elle a du mal à entrer dans sa jupe.

ELSA MAXWELL

Un traître est un homme politique qui quitte son parti pour s'inscrire à un autre. En revanche, un converti est un homme politique qui quitte son parti pour s'inscrire au vôtre.

GEORGES CLEMENCEAU

Après onze ans de piano, je joue déjà comme un enfant de 4 ans. Je suis un vieux prodige ! Et il n'y en a pas beaucoup. Car ça n'a pas d'avenir.

RAYMOND DEVOS

Aucun livre de qui que ce soit ne m'a jamais aidé à supporter quoi que ce soit. Sauf, peut-être, les longs voyages en chemin de fer.

JEAN YANNE

La seule arme qui m'intéresse, c'est le tire-bouchon.

JEAN CARMET

Un petit croquis en dit plus long qu'un grand discours, mais beaucoup moins qu'un gros chèque.

PIERRE DAC

On dit que les Corses sont paresseux ; c'est pas vrai... Ils sont vite abattus, c'est tout !

LAURENT RUQUIER

Je ne montre pas mes fesses en public. On croit que c'est par pudeur. C'est surtout parce que je ne suis pas sûr du résultat.

RAYMOND DEVOS

Je pense que Céline est un grand écrivain, que Jean-Luc Godard est un grand cinéaste, que la Chine est un grand pays, et je pense que je peux vivre sans Céline, sans Godard et sans la Chine.

JEAN YANNE

Le spectacle, c'est un monde de loups. C'est pire encore qu'un monde de loups. C'est un monde où les loups ne vous rappellent pas au téléphone.

WOODY ALLEN

Sans la police, tout le monde tuerait tout le monde. Et il n'y aurait plus de guerre.

HENRI JEANSON

Les acteurs ont une vie palpitante. On comprend que leur quotidien fasse rêver. Regardez-moi, par exemple : le matin, je me lève, je me lave, je me mets du déodorant, j'enfile un caleçon, je sors, je déchire un PV, je prends ma voiture, je vais tourner un film, je fais la sieste si c'est possible, le soir, je rentre chez moi, je me mets en caleçon, j'allume la télé et je bouffe sur un coin de table avant d'aller me coucher. De temps en temps, je prends l'avion. Parfois, je change un pneu.

JEAN YANNE

Se payer la tête des imbéciles est le seul luxe qui n'exige pas de fortune personnelle.

PHILIPPE BOUVARD

Mieux vaut 50 % de gens qui ne vous aiment pas, plutôt que 100 % qui ne vous connaissent pas.

POPECK

Vous savez ce que c'est la connerie ? Imaginez une plage, le soleil, un whisky avec des glaçons, des nanas autour de vous... vous y êtes ? Eh bien, tout le reste, c'est de la connerie.

COLUCHE

La générosité n'est qu'une distraction de l'égoïsme.

OLIVIER DE KERSAUSON

On ne peut être et avoir été ? Mais, si ! On peut avoir été un imbécile et l'être toujours.

LÉON BLOY

Quand je pense qu'il y a des gens, en France, qui vivent dans douze mètres carrés alors qu'à quoi... cent mètres de là, t'as des apparts superbes de cinq cents mètres carrés avec terrasse... Seulement voilà, faut se bouger, faut traverser la rue, faut visiter... Alors, on choisit la solution de facilité. Le douze mètres carrés... Quel manque de goût !

PATRICK TIMSIT

Un nègre en matière de littérature, c'est un Blanc qui travaille au noir pour le compte d'un écrivain marron.

POPECK

Vers les années 1900, le célèbre pétomane azerbaïdjanais Ylvafehr Yllafeh pouvait, d'un seul pet, éteindre une bougie à une distance de cinq mètres. Et puis on inventa la lumière électrique et il mourut dans la misère.

FRANÇOIS CAVANNA

Je voudrais mettre en garde les journaux à scandale. Ma vie sexuelle n'intéresse personne. Même pas ma femme.

PHILIPPE GELUCK

Si je pouvais recommencer ma vie, je ferais les mêmes erreurs, mais je les ferais plus tôt.

GROUCHO MARX

Deux choses sont infinies : l'Univers et la bêtise humaine. Mais, en ce qui concerne l'Univers, je n'en ai pas encore acquis la certitude absolue.

ALBERT EINSTEIN

L'âge, c'est lorsque les bougies commencent à coûter plus cher que le gâteau.

Bob Hope

Le Christ a pardonné à la femme adultère. Parbleu ! Ce n'était pas la sienne.

Georges Courteline

Si seulement Dieu voulait m'adresser un signe de son existence… S'il me déposait un bon paquet de fric dans une banque suisse, par exemple !

Woody Allen

C'est drôlement pratique d'être célèbre. Chaque fois que j'accorde un autographe à des gens, ils sont toujours si impressionnés qu'ils ne bronchent pas quand, après, j'empoche leur stylo. Je revends les stylos en gros à la fabrique et avec le boni, je vais bientôt pouvoir m'offrir un hydravion.

Jean Yanne

Je ne m'habille qu'avec les costumes que l'on me donne sur les tournages. C'est pour ça que je ne fais jamais de films d'époque.

Jacques Dutronc

Il n'est pas absolument nécessaire d'être con pour vivre parmi les cons. J'ai essayé, on peut !

Frédéric Dard

Les paysans mécontents ? « La ferme ! »

TOMI UNGERER

Vieux, moi ? Je peux encore faire l'amour deux fois de suite. Une fois l'hiver, une fois l'été.

ALFRED CAPUS

Jongler avec les mots, ce n'est pas si facile que ça. Parce qu'il y a des mots qui sont pesants. Et si vous les ratez, vous les prenez sur la tête. Ça fait mal. Les gros mots, par exemple, ça fait très mal !

RAYMOND DEVOS

La plupart des écrivains font leurs livres chiants pour faire croire qu'ils sont longs.

FRÉDÉRIC DARD

Les femmes adorent coucher avec des impuissants. Ce sont les seuls qui prennent la peine de parler avec elles.

GEORGES WOLINSKI

Je n'ai jamais très bien compris pourquoi une semaine de grève s'appelle une « semaine d'action ».

ANDRÉ FROSSARD

Le peintre continue. Croûte que croûte.

TOMI UNGERER

Le problème avec les films porno, c'est que les histoires sont très courtes. Il y a donc un problème de longueur et les scènes de baise sont étirées au maximum. On a alors l'impression de voir une série de peine-à-jouir !

CLAUDE CHABROL

La modestie est l'art de faire dire par d'autres tout le bien que l'on pense de soi-même.

PHILIPPE BOUVARD

Ni Dieu ni maître, même nageur !

JEAN YANNE

En fait, ce qui intéresse les Français, c'est la télé ! Quelle réussite pour un meuble !

PATRICK TIMSIT

On ne doit pas avoir plus d'argent que son imagination ne permet d'en dépenser.

CLAUDE CHABROL

PIEM

L'alcool est nécessaire. Il permet au Parlement de faire à onze heures du soir ce qu'aucune personne saine ne ferait à onze heures du matin.

GEORGE BERNARD SHAW

Le crétin prétentieux est celui qui se croit plus intelligent que ceux qui sont aussi bêtes que lui.

PIERRE DAC

Ce n'est pas la peine de faire de l'humour avec les femmes puisqu'on les fait beaucoup plus rire en les chatouillant.

PHILIPPE BOUVARD

Un gentleman est quelqu'un qui est capable de décrire Sophia Loren sans faire de gestes.

MICHEL AUDIARD

C'est la contemplation de la connerie qui donne la vocation du pouvoir.

BERTRAND BLIER

Il était si laid que, lorsqu'il faisait des grimaces, il l'était moins.

JULES RENARD

Je pense qu'il faudrait instituer pour les hommes politiques une punition appropriée, le châtiment corporel élémentaire, autrement dit la fessée. C'est la seule manière d'empêcher les récidivistes de nuire. C'est pire que la peine de mort. Évidemment, la peine de fessée serait prononcée par la justice et par elle seule. Cela peut paraître complètement futile, mais je crois que cette idée restera comme le principal apport de mon existence à la société.

CLAUDE CHABROL

ଓଃ

La femme d'Einstein n'était pas la moitié d'un imbécile.

YVAN AUDOUARD

ଓଃ

Pourquoi les pilotes d'avions kamikazes portent-ils un casque ? Pour moi, je les soupçonne de manquer de détermination.

SEAN MEO

ଓଃ

Sans l'invention de la roue, les coureurs du Tour de France seraient condamnés à porter leur bicyclette sur le dos.

PIERRE DAC

ଓଃ

Si vous voulez aller sur la mer, sans aucun risque de chavirer, alors n'achetez pas un bateau : achetez une île.

MARCEL PAGNOL

ଓଃ

Une auto-stoppeuse est une jeune femme, généralement jolie et court vêtue, qui se trouve sur votre route quand vous êtes avec votre femme.

WOODY ALLEN

ଓଃ

Quand deux voitures se télescopent, c'est celle qui a le plus gros saint Christophe qui a le moins de mal.

FRANÇOIS CAVANNA

Ne jamais écrire « Mon lapin » à une personne qui a un bec-de-lièvre.

JEAN-LOUIS FOURNIER

Les familles, l'été venu, se dirigent vers la mer en y emmenant leurs enfants. Dans l'espoir, souvent déçu, de noyer les plus laids.

ALPHONSE ALLAIS

Les fonctionnaires sont les meilleurs maris ; quand ils rentrent le soir à la maison, ils ne sont pas fatigués et ils ont déjà lu le journal.

GEORGES CLEMENCEAU

Les hommes politiques, il y en a certains, pour briller en public, ils mangeraient du cirage.

COLUCHE

Je ne parle pas de politique. Ce n'est pas mon truc. Je préfère jouer du concertina. C'est peut-être l'instrument de l'alternance : quand on appuie à droite, ça souffle à gauche, quand on appuie à gauche, ça souffle à droite. Et à l'intérieur, c'est du vent.

RAYMOND DEVOS

Boire ou conduire, c'est un slogan génial. Mon père, qui n'a pas de voiture, s'est mis à boire depuis.

JACQUES DUTRONC

Bossu très maigre avec vertèbres saillantes cherche emploi d'escabeau.

FRANÇOIS CAVANNA

L'ivrognerie, c'est ce qui distingue l'homme de la bête.

GEORGES COURTELINE

Une escroquerie, c'est une bonne affaire qui a rencontré une mauvaise loi.

ALFRED CAPUS

Les marchands de canons ont inventé la guerre, comme les marchands de bidets ont inventé l'amour.

GEORGES WOLFROMM

Dans le vocabulaire des couturiers seulement, patron est synonyme de modèle.

AYMOND D'ALOST

Les chanceux sont ceux qui arrivent à tout... Les malchanceux sont ceux à qui tout arrive.

EUGÈNE LABICHE

La première fois que j'ai vu une femme nue, j'ai cru qu'il s'agissait d'une erreur.

WOODY ALLEN

En politique, il est plus rentable de se contredire que de se répéter.

PHILIPPE BOUVARD

Les filles minces n'impressionnent qu'une sorte de gens : les filles grosses.

FRÉDÉRIC DARD

Cesser de fumer est la chose la plus aisée qui soit. Je sais ce que c'est : je l'ai fait cinquante fois.

MARK TWAIN

Être vachard, c'est le lot de consolation du borné.

FRÉDÉRIC DARD

Une commission d'enquête pour être efficace ne doit compter que trois membres, dont deux sont absents.

GEORGES CLEMENCEAU

Une conférence est une assemblée de gens importants qui ne peuvent séparément rien faire, mais qui décident ensemble que rien ne peut être fait.

FRED ALLEN

Quand je donne un billet de cent francs, je donne le plus sale.

JULES RENARD

Le gouvernement va droit dans le mur et, en plus, il klaxonne.

ANDRÉ SANTINI

Le jour où personne ne reviendra d'une guerre, c'est qu'elle aura enfin été bien faite.

BORIS VIAN

Les ennuis, c'est comme le papier hygiénique : on en tire un, il en vient dix.

WOODY ALLEN

Les femmes pardonnent parfois à celui qui brusque l'occasion, mais jamais à celui qui la manque.

TALLEYRAND

Ma femme ? Je ne saurais mieux la comparer qu'à une invention française. C'est moi qui l'ai trouvée et ce sont les autres qui en profitent.

HENRI DUVERNOIS

Le dentifrice sent la bouche.

GEORGES WOLINSKI

AVENIR
PSYCHA
PIEM

Il n'existe guère que deux arts de vivre : l'un consiste à se mettre à la place des autres, l'autre à prendre leur place.

ANTOINE BLONDIN

Il y a deux ans que je n'ai pas parlé à ma femme, c'était pour ne pas l'interrompre.

JULES RENARD

Il nous faut des fous désormais. Voyez où les sains d'esprit nous ont menés !

GEORGE BERNARD SHAW

Je ne peux pas passer devant l'Opéra Bastille sans penser que j'ai peut-être payé un carreau ou deux et je trouve que c'est une des plus mauvaises affaires que j'aie jamais faites.

JEAN AMADOU

La seule chose qu'on puisse tenir pour certaine quand une femme vous dit : « Je serai prête dans cinq minutes », c'est qu'elle parle français.

PIERRE DAC

La seule façon de se conduire avec une femme est de lui faire la cour si elle est jolie, et de la faire à quelqu'un d'autre si elle est laide.

OSCAR WILDE

Rien ne me fascine plus que le travail : je peux rester assis et le contempler pendant des heures.

JEROME K. JEROME

ଓଃ

Pour savoir qu'un verre est de trop, encore faut-il l'avoir bu.

OLIVIER DE KERSAUSON

ଓଃ

Recette californienne : contre les requins, rien de tel que de se baigner avec une tronçonneuse.

JEAN YANNE

ଓଃ

Rien n'est plus semblable à l'identique que ce qui est pareil à la même chose.

PIERRE DAC

ଓଃ

Je n'avais nulle envie de jouer au con avec lui – vu que de toute façon, il aurait été le plus fort.

BERTRAND BLIER

ଓଃ

Le meilleur moyen de prendre un train à l'heure, c'est de s'arranger pour rater le précédent.

MARCEL ACHARD

ଓଃ

Il y a des heures où les femmes sont à ne pas prendre avec des pincettes : particularité qui échappe souvent aux amants des femmes mariées, parce que ces heures-là, en fines mouches qu'elles sont, c'est aux maris qu'elles en réservent la jouissance.

GEORGES COURTELINE

Dieu a enlevé une côte à Adam pour créer Ève et Ève a fait manger de la pomme à Adam, c'est fou ça, on ne donne pas à manger à quelqu'un qui vient d'être opéré !

JEAN YANNE

Tout électeur a besoin d'avoir une femme dans sa vie. Il ne peut pas tout mettre sans cesse sur le dos du gouvernement.

JACQUES MAILHOT

Un ami, c'est quelqu'un qui vous connaît bien et qui vous aime quand même.

HERVÉ LAUWICK

Si le monde explose, la dernière voix audible sera celle d'un expert disant que la chose est impossible.

PETER USTINOV

Un bon policier est celui qui est capable de prédire l'avenir et qui, par la suite, est également capable d'expliquer pourquoi les choses ne se sont pas passées comme il l'avait prédit.

WINSTON CHURCHILL

PIEM

Un Écossais est un homme qui, avant d'envoyer son pyjama à la blanchisserie, fourre une chaussette dans chaque poche.

AMBROSE BIERCE

Il a si mauvaise haleine qu'en mangeant du poulet il croit que c'est de la bécasse.

AURÉLIEN SCHOLL

Il est plus facile de faire sortir le dentifrice du tube que de l'y faire rentrer.

PIERRE DAC

Être raisonnable, toujours, en toutes circonstances ?! Il faudrait être fou…

RAYMOND DEVOS

Il faisait si froid que le lait gelait dans les mamelles.

JEAN CARMET

Il faut revoir les sports à l'aube de l'an 2000. On pourrait par exemple inventer la partie de tennis opposant deux types munis de javelots.

JEAN YANNE

Un type qui veut observer une minute de silence doit le dire avant sinon on croit qu'il se tait.

PHILIPPE GELUCK

Si vous devez cent dollars à la banque, c'est votre problème. Si vous devez cent millions de dollars à la banque, c'est le problème de la banque.

JOHN PAUL GETTY

Gardons-nous de donner la parole aux cons. Ils ne veulent jamais la rendre.

PHILIPPE BOUVARD

J'ai choisi de m'éclairer uniquement à la bougie... Il y a quand même un inconvénient... Je suis obligé de rouler lentement.

PATRICK SÉBASTIEN

Quand on fera danser les couillons, tu ne seras pas à l'orchestre.

MARCEL PAGNOL

Une personne sensible est une personne qui, sous prétexte qu'elle a des cors au pied, marche sur les pieds des autres.

OSCAR WILDE

Nous avons généralement en France un gouvernement d'hommes qui savent ce qu'ils veulent. Ils veulent y rester.

ANDRÉ FROSSARD

Quand mes parents émigrèrent d'Irlande pour chercher fortune en Amérique ils vivaient avec l'idée que, là-bas, les rues étaient pavées d'or. Dès son arrivée, mon père fit trois constatations : 1) Les rues n'étaient pas pavées d'or. 2) Elles n'étaient même pas pavées du tout. 3) Pour les paver, on comptait sur lui.

BURT LANCASTER

L'amour rend fou. Il y a que la guerre qui Rambo.

COLUCHE

La principale différence entre le boucher et le banquier, c'est qu'il y en a un des deux qui ne dira jamais : « Il y en a un peu plus, je vous le mets ? »

PHILIPPE GELUCK

Se mettre à plat ventre est bien... Toutefois, cette position est incommode pour lécher la main de celui qui vous donne des coups de pied dans le derrière.

ERIK SATIE

Mieux vaut penser le changement que changer de pansement.

FRANCIS BLANCHE

Naissance de deux jumelles – on leur souhaite longue vue !

COLUCHE

Le temps passe et les œufs durent.

DANIEL PRÉVOST

À force d'accepter les honneurs, on finit par croire qu'on les mérite.

GILBERT CESBRON

C'est encore heureux que les circuits de formule 1 soient à sens unique.

PHILIPPE GELUCK

Le seul moment où les enfants ne donnent pas de soucis, c'est quand on les fait.

PATRICK SÉBASTIEN

Un gentleman est un monsieur qui se sert d'une pince à sucre, même quand il est seul.

ALPHONSE ALLAIS

Au bout de quinze ans de chômage, on devrait avoir droit à une retraite de chômeur.

GEORGES WOLINSKI

Certains hommes parlent durant leur sommeil. Il n'y a guère que les conférenciers pour parler pendant le sommeil des autres.

ALFRED CAPUS

On ne devrait tromper sa femme que quand elle est jolie. Sans ça, on doit avoir l'impression que les filles vous accordent ça pour vous consoler.

Boris Vian

꧁

Si vous avez les yeux plus gros que le ventre, vous n'êtes pas près de trouver une paire de lunettes.

Pierre Dac

Des chaussures neuves font souvent « scouic scouic » quand on marche. Des vieilles chaussures aussi, à condition de marcher sur des bébés souris.

Philippe Geluck

Un coup de pied au derrière fait souvent plaisir. Surtout quand on le donne.

Pierre Dac

Un paresseux est un homme qui ne fait pas semblant de travailler.

Alphonse Allais

Les femmes, c'est comme les chaussures : quand on les quitte il faut y mettre les formes.

Pierre Dac

CE SONT MES POINTS DE RETRAITE
PIEM

Comment devient-on millionnaire dans le business ? C'est simple, il suffit de commencer milliardaire.

RICHARD BRONSON

Dans certains magasins, les prix étant affichés en francs et en euros, il y a des Belges qui payent deux fois...

LAURENT RUQUIER

Les femmes sont comme les miroirs, elles réfléchissent mais ne pensent pas.

HENRI BÉRAUD

Les femmes sont tellement menteuses qu'on ne peut même pas croire le contraire de ce qu'elles disent.

GEORGES COURTELINE

Il m'a demandé si je trouvais que l'amour physique était sale, je lui ai répondu : « Ça l'est, si on le pratique correctement. »

WOODY ALLEN

Un romantique, après l'amour, il déprime... Les femmes, avec les romantiques, c'est pendant qu'elles dépriment.

PATRICK TIMSIT

Je vis tellement au-dessus de mes moyens que, pour ainsi dire, nous vivons à part.

SAKI

L'humour juif, c'est de faire rire avec une histoire qui a un double sens et qu'on ne comprend qu'à moitié.

POPECK

☙

Mon frère jumeau est tellement narcissique qu'il n'arrête pas de me regarder.

PHILIPPE GELUCK

☙

Quand un enfant prodige est devenu grand, il ne sait plus quoi faire.

FRANÇOIS CAVANNA

☙

Quand un cachalot vient de droite, il est prioritaire. Quand il vient de gauche aussi.

OLIVIER DE KERSAUSON

☙

L'inquiétude, c'est comme un intérêt payé par avance sur une dette qui n'existera pas.

DAVID MAMET

☙

L'intelligence est à l'image de l'amour… dire qu'on aime, c'est facile… le prouver est plus difficile.

JEAN AMADOU

☙

Le coup du lapin, ça doit être terrible chez la girafe.

PHILIPPE GELUCK

☙

Mon genre de femme, il n'y en a pas trente-six : ce sont celles qui veulent.

PATRICK TIMSIT

Je ne comprends pas les Anglais ! Tandis qu'en France nous donnons à nos rues des noms de victoires : Wagram, Austerlitz... là-bas, on leur colle des noms de défaite : Trafalgar Square, Waterloo Place...

ALPHONSE ALLAIS

L'alcoolisme sévit beaucoup dans les Ponts et Chaussées... Il n'y a qu'à voir le tracé des routes de montagne.

PATRICK SÉBASTIEN

L'argent, ça va, ça vient. Mais quand ça vient... ça va !

SMAÏN

Il paraît que même à Monaco les rues ne sont plus sûres. Les milliardaires n'osent plus sortir le soir... Il y a des millionnaires qui rôdent.

PHILIPPE GELUCK

Paresse : Habitude prise de se reposer avant la fatigue.

JULES RENARD

À 20 ans, la femme n'a pas les yeux dans sa poche. À 40 ans, elle a les yeux dans vos poches. À 60 ans, elle a des poches sous les yeux.

EUGÈNE BEAUMONT

ଓଃ

On a moins de ministres qu'avant et, en plus, ils sont adeptes de la semaine de trente-cinq heures... Je me demande comment ils vont arriver à tout faire !

LAURENT RUQUIER

ଓଃ

Parler bateau avec une femme, c'est comme parler philosophie avec une mouette.

OLIVIER DE KERSAUSON

ଓଃ

Un homme riche n'est jamais vieux ni jamais laid, pour une jolie fille opportuniste.

POPECK

ଓଃ

Pourquoi perdre son temps à vouloir contredire son épouse ? Il est beaucoup plus simple d'attendre qu'elle ait changé d'avis.

JEAN ANOUILH

ଓଃ

Quand je dis que ma richesse est intérieure je veux dire que mon argent est dans un coffre.

PHILIPPE GELUCK

ଓଃ

BAR
PIEM

Retraite à 55 ans : S'il faut accorder à tous les Français la même chose qu'aux routiers, on va tous se retrouver avec un calendrier de gonzesses à poil.

LAURENT RUQUIER

☙❧

Les femmes j'ai compris, il y a trois étapes : En un, tu les fais rire, en deux, tu les fais jouir, en trois, tu les fais chier... Et il ne faut surtout pas sauter les deux premières étapes.

PATRICK TIMSIT

☙❧

La grille qui les sépare du public désarme les fauves et arme les fonctionnaires.

GILBERT CESBRON

☙❧

Le businessman américain est un monsieur qui, toute la matinée, parle de golf à son bureau et qui, le reste de la journée, discute affaires sur un terrain de golf.

JERRY LEWIS

☙❧

La guerre de 14-18 avait fait un civil tué pour dix militaires. La guerre de 39-40, un civil pour un militaire. Le Vietnam, cent civils pour un militaire. Pour la prochaine, les militaires seront les seuls survivants. Engagez-vous !

COLUCHE

☙❧

La bonne éducation consiste à cacher tout le bien que nous pensons de nous-mêmes et le peu de bien que nous pensons des autres.

MARK TWAIN

☙❧

Je ne soutiens aucune cause. J'ai déjà suffisamment de mal à me soutenir moi-même. J'envisage d'ailleurs de faire une demande de soutien pour moi. Ceux qui souhaitent m'envoyer de la vitamine C ou du beaujolais sont les bienvenus.

JEAN POIRET

La familiarité engendre le mépris... et les enfants.

MARK TWAIN

Le meilleur lifting, c'est l'amour. Mais, en général, c'est peut-être plus facile de trouver un chirurgien esthétique qu'un homme qui vous aime.

EMMANUELLE BÉART

Tout le monde sait que les conserves récoltées pour les pauvres par des organismes tels que le Secours catholique sont toujours périmées. C'est une gigantesque tentative d'empoisonnement des malheureux !

CLAUDE CHABROL

Depuis que j'ai une maîtresse que j'aime, je n'ai plus envie de tromper ma femme.

SACHA GUITRY

Le grand chic au restau quand on s'envoie de la sauce sur sa cravate, c'est de s'en mettre aussi un peu sur la pochette.

JEAN YANNE

Les femmes donnent tout aux hommes, jusqu'à l'or de leur vie. Mais elles veulent toujours qu'on le leur rende en petite monnaie.

OSCAR WILDE

Le plat du jour, c'est bien, à condition de savoir à quel jour remonte sa préparation.

PIERRE DAC

Si l'argent ne fait pas le bonheur, rendez-le !

JULES RENARD

Il n'y a rien de plus difficile à consoler qu'un paysage désolé.

PIERRE DAC

Il y a des pays où les gens ont six doigts parce qu'ils ne connaissent pas le système métrique.

JEAN YANNE

Les hamsters ne connaissent pas leur bonheur qui bénéficient des nouveaux médicaments aux effets miraculeux cinq années avant les hommes.

PHILIPPE BOUVARD

Menu
PIEM

Les jambes permettent aux hommes de marcher et aux femmes de faire leur chemin.

ALPHONSE ALLAIS

Les animaux se lavent en se léchant. Sauf les hérissons et les oursins.

PHILIPPE GELUCK

À vendre pour cause de myopie : villa donnant sur un camp de nudistes.

COLUCHE

Les hommes naissent égaux. Dès le lendemain, ils ne le sont plus.

JULES RENARD

Comestible : Susceptible d'être mangé et digéré, comme un ver pour un crapaud, un crapaud pour un serpent, un serpent pour un cochon, un cochon pour l'homme et l'homme pour le ver.

AMBROSE BIERCE

Elle avait un nez si grand que lorsqu'on l'embrassait sur les deux joues, on avait plus vite fait de passer par-derrière.

TRISTAN BERNARD

C'EST UNE ALFA ROUGE
PIEM

Pendant une époque, la quiche lorraine était une recette allemande.

JEAN-MARIE GOURIO

Les femmes nous inspirent le désir de réaliser des chefs-d'œuvre et nous empêchent toujours de les mener à bien.

OSCAR WILDE

Le chercheur qui a mis au point des clones de moutons s'est finalement endormi.

LAURENT RUQUIER

En général, je déteste les dentistes ; je les tiens pour des créatures foncièrement vénales dont le seul but dans la vie est d'arracher le plus de dents possible afin de s'acheter des Mercedes à toit ouvrant.

MICHEL HOUELLEBECQ

Il est plus facile de jouer au mikado avec des spaghettis crus qu'avec des spaghettis cuits.

PHILIPPE GELUCK

Le baisemain, c'est un bon début. Ça permet de renifler la qualité de la viande.

OLIVIER DE KERSAUSON

Boire du café empêche de dormir. En revanche, dormir empêche de boire du café.

PHILIPPE GELUCK

Les chevaux ont un bon sens qui les dissuade d'engager des paris sur les humains.

W. C. FIELDS

Le tranquillisant se présente sous forme liquide. Il existe également sous forme de suppositoire mais c'est moins désaltérant.

BERTRAND BLIER

Le whisky est une mauvaise chose. Surtout le mauvais whisky.

GEORGE BERNARD SHAW

Je me suis marié deux fois, deux catastrophes : ma première femme est partie, ma deuxième est restée.

FRANCIS BLANCHE

Certains hommes n'ont que ce qu'ils méritent ; les autres sont célibataires.

SACHA GUITRY

L'eau conduit l'électricité, mais si tu mets du vin dedans, elle a plus le droit de conduire.

JEAN-MARIE GOURIO

Les cygnes chantent avant de mourir. Certaines personnes feraient bien de mourir avant de chanter.

GEORGE BERNARD SHAW

Les habitants du continent ont une vie sexuelle, les Anglais ont des bouillottes d'eau chaude.

GEORGE MIKES

Le clonage, c'est idiot, il faut laisser faire la nature : si on ne passe pas l'aspirateur sous le lit, les moutons se reproduisent tout seuls !

LAURENT RUQUIER

Le beurre demi-sel ? C'est celui qu'on trouve dans les livres de messe, non ?

JEAN YANNE

Les imbéciles adorent voir leurs semblables occuper les grandes places : cela leur donne de l'espoir. La réussite des gens capables les décourage.

JEAN DUTOURD

Les cannellonis, monsieur le Comte, c'est un morceau de pâte carré. On y roule dedans, comme si vous rouliez une cigarette, tous les rebuts de la semaine. Les viandes gâtées, les épinards aigris, les saucisses crevées, enfin tout ce qu'il faudrait jeter. En somme, les cannellonis, c'est une cigarette de bordille. Et c'est commode, parce que ça nettoie la cuisine. Ça supprime les déchets. Au lieu de les jeter dans la rue, on les jette dans les clients.

MARCEL PAGNOL

⁂

Le chemin le plus court d'un point à un autre est la ligne droite, à condition que les deux points soient bien en face l'un de l'autre.

PIERRE DAC

⁂

Le sandwich à la mayonnaise est sponsorisé par la chambre syndicale de la teinturerie.

JOSÉ ARTUR

⁂

Un cheval, c'est malcommode au centre et dangereux aux deux extrémités.

WINSTON CHURCHILL

⁂

Le caoutchouc serait un matériau très précieux, n'était son élasticité qui le rend impropre à de nombreux usages.

ALPHONSE ALLAIS

⁂

Le comble de l'optimisme : Entrer dans un grand restaurant et compter sur la perle qu'on trouvera dans une huître pour payer la note.

ALPHONSE ALLAIS

⁂

Tous les hivers, j'ai envie de me marier : il fait froid, le restaurant est loin... mais au printemps, ça passe !

JULES RENARD

C'est une fille qui a un incendie entre les jambes... On n'est pas des hommes, pour elle, on est des extincteurs...

BERTRAND BLIER

Les femmes franches sont celles qui mentent intelligemment.

FRÉDÉRIC DARD

Logique féminine : C'est quand on serre une dame de trop près... qu'elle trouve qu'on va trop loin.

ALPHONSE ALLAIS

Ma femme et moi avons été heureux vingt-cinq ans ; et puis, nous nous sommes rencontrés.

SACHA GUITRY

À la naissance, le nain est normal, c'est en grandissant qu'il rapetisse.

JEAN-MARIE GOURIO

Les pommes de terre cuites sont plus faciles à digérer que les pommes de terre en terre cuite.

ALPHONSE ALLAIS

J'aime bien la cuisine chinoise parce que c'est très pratique. Quand vous voulez faire du poulet au bœuf et aux langoustines, vous prenez un peu de poulet et vous ajoutez du bœuf et des langoustines. Pareil pour le bœuf au poulet et aux langoustines et pareil pour les langoustines au poulet et au bœuf. Avec un peu de riz.

JEAN YANNE

Dieu a construit le monde en une semaine, et comme on n'a pas voulu le payer, il a rajouté les maladies.

PATRICK TIMSIT

Au pays des cyclopes, les borgnes sont aveugles.

PHILIPPE GELUCK

Comme il en va pour les enfants ou pour les animaux, l'hygiène la plus élémentaire exigerait que l'accès des hôpitaux soit interdit aux malades.

ANTOINE BLONDIN

D'ici à l'an 2020, l'espérance de vie sera prolongée de trente ans... trente ans ! Ça fait deux caniches de plus par vieux ! Trente ans de vie en plus, à souffrir de ses reins, de sa tension, à parler du temps avec la boulangère, il y a intérêt à ce qu'il se passe des trucs en météo.

PATRICK TIMSIT

La nature est prévoyante : elle a fait pousser la pomme en Normandie sachant que c'est dans cette région qu'on boit le plus de cidre.

HENRY MONNIER

L'air est pur à la campagne parce que les paysans dorment les fenêtres fermées.

EUGÈNE IONESCO

Je suis toujours à l'heure à mes rendez-vous, comme ça, je peux repartir plus vite.

JACQUES DUTRONC

Je suis le mec qui dans toutes les chambres d'hôtel du monde redresse le flotteur dans la chasse d'eau qui fuit.

JEAN YANNE

Je prétends préférer me faire écraser par une Rolls-Royce que par un seize tonnes.

SERGE GAINSBOURG

Il ne faut jamais gifler un sourd. Il perd la moitié du plaisir. Il sent la gifle, mais ne l'entend pas.

GEORGES COURTELINE

La grippe, ça dure huit jours si on la soigne et une semaine si on ne fait rien.

RAYMOND DEVOS

Si les lentilles vous font péter, portez des lunettes.

PHILIPPE GELUCK

La Lune serait habitée, on n'oserait plus bronzer à poil sur les balcons.

JEAN-MARIE GOURIO

La médecine a fait depuis un siècle des progrès sans répit, inventant par milliers des maladies nouvelles.

LOUIS SCUTENAIRE

Quand ne sera-t-il plus besoin de rappeler que les antialcooliques sont des malades en proie à ce poison, l'eau, si dissolvant et corrosif qu'on l'a choisi entre toutes substances pour les ablutions et lessives, et qu'une goutte versée dans un liquide pur, l'absinthe par exemple, le trouble ?

ALFRED JARRY

Quand j'étais en Afrique, j'ai tué un éléphant en pyjama... ce que cet éléphant faisait en pyjama, je ne l'ai jamais su.

GROUCHO MARX

RÉPLIQUES DE CINÉMA ET DE THÉÂTRE, DIALOGUES ET INTERVIEWS

chaval

– *Le café, tu l'aimes allongé ou serré ?*
– Allongé, un truc corse.

Jacques Dutronc

∞

– Pas très frais, mes oursins ?... Je viens de les ouvrir !
– C'est ça, ils sentent un peu le renfermé.

(Extrait du film *Hôtel du Nord*)

∞

– Dans un verre, il n'y a que trois tiers.
– Mais, imbécile, ça dépend de la grosseur des tiers !

(Extrait du film *Marius*)

∞

– *Vous savez que Chirac est un fou des arts premiers ?*
– Oui, y a qu'à regarder Bernadette....

Jean Yanne

∞

– *Votre occupation favorite ?*
– Écouter ma barbe pousser.

SERGE GAINSBOURG

– Je te manque ?
– Comme on manque un train…

(Extrait du film *Cléo de cinq à sept*)

– Vous trouvez que je vous ressemble ?
– Non, à ta mère, une perfection, ta mère, une sainte.
– Pourquoi l'avez-vous quittée ?
– Je viens de te le dire.

(Extrait du film *La Bande à papa*)

– Où sont mes lunettes ?
– Sur ton nez.
– Tu peux être un peu plus précise ?

JIMMY DURANTE

– *Pourquoi tant de temps entre votre premier film, 1962, et le deuxième, 1967 ?*
– Ben, j'étais chômeur, mon pote.
– *Il n'y en avait pas à l'époque…*
– J'étais un mec d'avant-garde.

BERTRAND BLIER

Cette femme venait d'éternuer pour la trois centième fois au moins. Elle me dit :

– Il doit y avoir quelque chose dans l'air.

– Oui, vos germes.

LINDA HERSKOVIC

– Est-ce que vous mangez une tomate ou bien s'agit-il de votre nez ?

(Extrait du film *Le Cirque en folie*)

– Un monsieur me dit : « Je me félicite de votre succès ! » Je lui ai répondu : « Mais vous n'y êtes pour rien !... »

RAYMOND DEVOS

– J'ai des envies de voyage. L'Océanie, Bora Bora, les vahinés... tu connais ?

– Pourquoi, tu veux m'emmener ?

– On n'emmène pas des saucisses quand on va à Francfort.

(Extrait du film *Le Pacha*)

– *Comment voyez-vous aujourd'hui vos anciens films ?*

– Sans lunettes.

CLAUDE CHABROL

– On a volé la carte de crédit de ma femme !

– Tu as porté plainte ?

– Non. Le voleur est moins dépensier qu'elle.

DEAN YOUNG

– Garçon, pouvez-vous servir les andouilles ? Enfin, je veux dire *nous* servir les andouilles.

(Extrait du film *L'Introuvable*)

– Comment pouvez-vous écrire si bien sur les femmes ?
–Je pense aux hommes. Et je retire la raison et le sens des responsabilités.

(Extrait du film *Pour le meilleur et pour le pire*)

– Moi l'amour, j'ai appris sur le tas.
– T'as fait le con de te marier avec...

PATRICK TIMSIT

– *Qu'est-ce qu'une catastrophe ?*
– C'est la première strophe d'une histoire d'amour.

JEAN-LUC GODARD

– *Vous avez une devise ?*
– Si j'en avais une, ce serait quelque chose comme : « Se coucher tard... nuit ! »

RAYMOND DEVOS

– *Chanteur-acteur, vous n'en avez pas marre de choisir entre les deux ?*
– Ah ! C'est une question pertinente ! Vous avez bien fait de me la poser parce que, l'autre soir, je mangeais dans un restaurant avec une baronne et, d'un seul coup, j'ai senti des picotis sur mon mollet. C'était un coq.

JACQUES DUTRONC

– Que désirez-vous manger ?
– Betteraves et carottes râpées.
– C'est un restaurant, ici, pas un pré.

(Extrait du film *Ninotchka*)

– Catherine, c'était une petite fille...
– Ah, t'appelles ça une petite fille ? Et les trottoirs, t'appelles ça comment ? des jardins d'enfants ?

(Extrait du film *Le Diable et les Dix Commandements*)

– Quand on vous regarde, on n'imagine pas le papillon, mais on distingue parfaitement la larve.

(Extrait du film *Vidange*)

– Je vais te frapper si fort que le coup va tuer toute ta famille !

(Extrait du film *Dîner*)

– Un spectateur m'a fait remarquer à l'entracte que je n'avais pas encore employé le mot « cul ». « Vous n'êtes pas contre ? » Je lui ai répondu simplement : « Je n'ai pas su où le placer. »

RAYMOND DEVOS

À **W. C. FIELDS** qui vient de faire une chute :
– Vous êtes blessé ?
– Non. J'ai eu la présence d'esprit de tomber sur la tête.

Quand on lui apprend que 31 % des femmes brandissent la menace de retourner chez leur mère au cours d'une scène de ménage, JEAN YANNE réplique :

– Mais… C'est pas du tout une menace, ça. C'est un soulagement !

ᴓᴓ

– Vous savez quelle est la différence entre un con et un voleur ?… Un voleur, de temps en temps, ça se repose !

(Extrait du film *Le Guignolo*)

ᴓᴓ

– Croyez-moi, j'ai le bras long !

– Et nous, on l'a musclé !

(Extrait du film *Inspecteur la Bavure*)

ᴓᴓ

– Un crétin chimiquement pur… je me demande où tu vas le chercher.

– Quai des Orfèvres. Je suis fidèle à mes fournisseurs.

(Extrait du film *Le Pacha*)

ᴓᴓ

– Une lance me transperçait le corps…

– Et ça ne vous faisait pas mal ?

– Seulement quand je riais.

(Extrait du film *Propre à rien*)

ᴓᴓ

– *Qu'est-ce que vous faites là ?*

– Je fais pitié.

JEAN-LUC GODARD

ᴓᴓ

– Comment faites-vous pour rentrer dans les personnages que vous devez interpréter ?

– Mais je ne rentre dans rien du tout. Je me lève le matin, je prends ma douche, je mets du déodorant, de l'eau de Cologne sous les bras, je prends du linge propre si je tourne plus d'une journée et je vais sur le plateau.

JEAN YANNE

– Votre oiseau préféré ?

– L'hélicoptère.

SERGE GAINSBOURG

– Qu'est-ce que l'enfer pour vous ?

– L'enfer, pour moi, c'est un mois de carottes râpées et d'eau minérale devant un film de Schwarzenegger.

CLAUDE CHABROL

– Vous êtes toujours en noir ?

– Seulement lorsque je m'habille.

PATRICK TIMSIT

Le protagoniste s'adresse à un gendarme :

– Vous avez un mandat ?

– Vous vous gourez d'uniforme, je ne suis pas facteur !

(Extrait du film *Pinot simple flic*)

chaval

–Non mais t'as déjà vu ça, en pleine paix, y chante et pis crac, un bourre-pif. Mais il est complètement fou ce mec... Mais moi les dingues, j'les soigne, j'm'en vais lui faire une ordonnance, et une sévère. J'vais lui montrer qui c'est Raoul. Aux quatre coins de Paris, qu'on va le retrouver éparpillé par petits bouts, façon puzzle. Moi quand on m'en fait trop, je correctionne plus, je dynamite... j'disperse... j'ventile !

(Extrait du film *Les Tontons flingueurs*)

–Tu pourrais t'essuyer la bouche !
–Pourquoi ?
–Je peux te dire ce que tu as mangé à midi !
–Alors, vas-y !
–Du bacon et des œufs au ketchup.
–Faux ! Ça, c'était hier soir !

ÉRIC MORECAMBE

Quelquefois, on me dit :
–Monsieur, est-ce que les histoires que vous racontez ne vous empêchent pas de dormir ?
Je réponds :
–Si, mais comme ce sont des histoires à dormir debout, je récupère !

RAYMOND DEVOS

–*Alors, quand est-ce que vous nous pondez quelque chose ?*
–Je ne ponds plus, ça introduit trop de coquilles dans le texte.

ANTOINE BLONDIN

–Daniel, l'instant où l'étant contracte son être, c'est l'hypostase selon Levinas, ou autre chose ?

–Pas du tout : je fais vraiment la différence entre l'andouille et l'andouillette !

DANIEL PRÉVOST

CSEO

–Approche, approche, l'obscurité n'a jamais fait de mal à personne !

–L'obscurité, non ; mais ce qu'il y a dedans...

(Extrait du film *Le Retour de Topper*)

CSEO

–Vous n'avez pas peur ?

–A-t-on déjà remis mon courage en question ?

–Non. On ne l'a même jamais mentionné.

(Extrait du film *Sing Your Worries Away*)

CSEO

–Levez les mains plus haut !

–Je ne peux pas. Elles sont fixées à mes poignets !

(Extrait du film *Espionne de mon cœur*)

CSEO

–Si tu devais partir sur une île déserte, qu'emmènerais-tu ?

–Un arbre et un parasol.

PATRICK TIMSIT

CSEO

–Vous dites que vous perdez vingt ans à chaque fois que vous montez sur scène...

–Oui. Et comme là je pars jouer trois fois en province, j'aurai 60 ans de moins lorsque je reviendrai à Paris. Notez que j'évite de jouer plus de quatre fois consécutivement. Ça ne serait pas raisonnable.

RAYMOND DEVOS

CSEO

– Pourquoi est-ce qu'elle boit ?
– Il doit bien y avoir une raison.
– Il y en a une : elle aime ça.

(Extrait du film *Les Girls*)

– *Quelle est la supériorité sur laquelle le Coran et la Bible sont d'accord ?*
– Celle de l'homme sur la femme.
– *Vous partagez cet avis, monsieur Yanne ?*
– Non. Je trouve que pour faire la vaisselle la femme est meilleure !

JEAN YANNE

– Vous venez de signer votre arrêt de mort.
– Je ne signe jamais rien en l'absence de mon avocat.

(Extrait du film *Le Monstre de minuit*)

– Vous pensez que Dieu est mort ?
– Je ne le savais même pas malade.

(Extrait du film *Breezy*)

– Oh, je sens plus mes pieds !
– Vous avez de la chance !

(Extrait du film *Une époque formidable*)

– *Vous écrivez beaucoup de lettres d'amour ?*
– Oui. Je les laisse sur le frigo.
– *Et elles disent quoi ?*
– Des trucs du style : j'ai pas eu le temps de prendre du lait.

JEAN YANNE

– Qui c'est celui-là ?
– C'est le père de la petite. Un con fini, à ce qu'il paraît.
– La connerie, ça finit jamais.

(Extrait du film *Meilleur espoir féminin*)

– J'ai une chose à te dire.
– Quelle chose ?
– Non, je te le dirai demain matin.
– Mais pourquoi pas maintenant ?
– Autrement, tu ne pourrais pas dormir.

(Extrait du film *Baisers volés*)

– *Nous sommes tous frères !*
– Et ta sœur !

DANIEL PRÉVOST

Quatre ans après la mort de son frère, MICHEL-JEAN SEDAINE répond à quelqu'un qui lui faisait remarquer qu'il portait toujours le deuil :
– N'est-il point toujours mort ?

Veuve, MADAME DE BOUFFLERS dit de son mari, qui était volage :
– Je vais enfin savoir où il passe ses nuits.

Peu avant sa mort, on dit à THÉOPHILE GAUTIER :
– Mon cher maître, vous êtes solide comme un chêne.
Il répondit :
– Pour le tronc, ça va ; c'est le gland qui m'inquiète !

Un écrivain disait à Giuseppe Verdi :

– Ce n'est qu'après ma mort qu'on découvrira l'homme que j'étais !

– Tant mieux, tant mieux pour vous, à ce moment-là, vous ne risquerez plus rien.

༺༻

En découvrant les honoraires de son médecin, **OSCAR WILDE** déclara :

– Docteur, je meurs au-dessus de mes moyens.

༺༻

– *Mais vous changez d'avis comme de chemise !*

– Oui, c'est une question de propreté !

LOUIS-FERDINAND CÉLINE

༺༻

– J'ai trouvé un boulot au strip-tease. J'aide les filles à s'habiller et à se déshabiller.

– Sympa comme boulot.

– Cinq dollars par semaine.

– C'est peu.

– Je ne pouvais pas donner plus.

(Extrait du film *Quoi de neuf Pussycat ?*)

༺༻

– Regrettez-vous votre crime ?

– Oui. Si vous me condamnez.

(Extrait du film *La Poison*)

༺༻

Répondant au questionnaire de Proust, **COLUCHE** a la repartie qui fait mouche :

– Le fait militaire que vous admirez le plus ?

– La désertion ou l'armistice.

༺༻

– Comment, demandait un journaliste à FRANÇOIS PÉRIER, expliquez-vous, chez vous, un si grand naturel ?
– C'est que, répondit le comédien, j'ai trois sortes de naturel : un pour la ville, un pour la scène et un pour l'écran.

FERNANDEL allait souvent au cinéma voir ses propres films. Un jour où il était en compagnie de son ami Jean Nohain, il lui confia :
– Il n'y a que moi pour me faire rire comme ça.

Le dramaturge BERNARD SHAW envoya un télégramme à WINSTON CHURCHILL pour la première d'une de ses pièces : « Vous ai réservé deux places pour la première. Amenez un ami, si vous en avez un. »
Réplique télégraphique immédiate du Vieux Lion :
« Présence impossible pour la première. Viendrai à la deuxième, s'il y en a une. »

Après avoir reçu un invité, SACHA GUITRY, serviable, lui tend une boîte de cigares ouverte. Sans gêne, l'individu en pioche plusieurs qu'il enfourne dans sa poche en expliquant :
– C'est pour la route.
Impassible, Guitry le raccompagne hors de son bureau, lui serre la main et conclut :
– Merci d'être venu de si loin.

– Moi, je prétends que le mariage c'est ce qui différencie l'homme de la bête.
– Vous devez confondre avec le rire. C'est pourtant pas la même chose.

(Extrait du film *La Chasse à l'homme*)

SACHA GUITRY téléphona un jour à JEAN TISSIER :

– Cher ami, voulez-vous me faire la joie d'incarner un gardien de musée dans mon prochain film, *Si Paris m'était conté* ?

– Volontiers, Maître.

– Fixez vous-même le montant de votre cachet.

– Eh bien, fit le nonchalant comédien, comme j'ai déjà joué le même rôle dans *Si Versailles m'était conté*, ce qui me plairait, c'est que vous obteniez des Beaux-Arts qu'ils me titularisent, ce qui me donnerait droit à une retraite.

– Combien me donnez-vous ?

– Pour faire l'amour ?

– Non, comme âge.

– Vous avez l'air d'avoir 40 ans… depuis une dizaine d'années.

(Extrait du film *Donne-moi tes yeux*)

Un écrivain de troisième ordre présentait un jour sa nouvelle œuvre à ALFRED CAPUS.

– Cher ami, voici mon dernier livre.

– Le dernier ? Parfait ! Parfait !

Une célèbre réplique lancée à l'Assemblée nationale par un député qu'un de ses collègues traitait d'« imbécile » :

– Dans ce cas, vous pouvez voter pour moi. Je suis qualifié pour vous représenter !

ROBERT MITCHUM avoua à un journaliste :

– C'est vrai que je bois. Mais mon jeu, lui, est sobre.

RISTORA
RISTORANTE
Chaval

ANECDOTES, SAYNÈTES ET MINISKETCHES

Un jour, Géraldine Chaplin se promenait dans la rue, en Espagne. Elle croise deux femmes, qui s'arrêtent. L'une lui demande :

– Je peux avoir un autographe, s'il vous plaît ?

L'autre se tourne vers son amie :

– Mais qui c'est ?

– Tu ne la reconnais pas ? C'est la fille de Laurel et Hardy !

JEAN YANNE

J'ai fait mourir de rire. À Vichy, un soir, dans la fosse d'orchestre, on a vu passer un brancard pendant le spectacle. Quelques minutes plus tard, deux infirmiers s'en allaient, transportant une personne morte. C'était une femme morte de rire, ou de « non-rire » – il ne faut pas se vanter ! Cela m'a fait un drôle d'effet. Mais j'en sauve aussi pas mal. Je possède des lettres de gens qui m'écrivent : « Monsieur, j'étais désespéré, la vie ne m'intéressait plus, j'étais sur le point de me suicider, mais je vous ai entendu et j'ai remis mon projet à plus tard. »

RAYMOND DEVOS

Une dame demandait un jour à TALLEYRAND qui boitait :

– Comment allez-vous ?

Il lui répondit, à elle qui louchait :

– Comme vous voyez, madame !

Nous avions un parent pour lequel mon père avait peu d'amitié. Le pauvre homme mourut un jour – et nous l'avons accompagné jusqu'à sa dernière demeure, qui était extrêmement éloignée de la précédente. Il avait fallu se lever de grand matin, il faisait extrêmement chaud et nous marchions depuis bientôt une heure, lorsque mon père se tourna et me dit, à voix basse, d'une inexprimable manière :

– Je commence à le regretter !

SACHA GUITRY

꧁

1947 : invité par un magazine américain à faire un reportage sur les États-Unis, **MARCEL AYMÉ** débarque pour la première fois à Manhattan. Quelques jours plus tard, il répond aux questions d'un journaliste :

– Qu'est-ce qui vous étonne le plus à New York ?

– C'est de m'y voir.

꧁

Pour moi Michel Simon, c'est le plus grand acteur de tous les temps. J'avais un projet de film avec lui, j'avais écrit une adaptation de *L'Écume des jours* de Boris Vian et je voulais qu'il joue un jeune mec qui va en surboum ! Je lui donne le scénario, il le lit, il vient dîner chez moi, encore tout noir de fumée – il tournait *Le Train* de Frankenheimer – et il me dit : « Écoutez, je n'ai rien compris à votre scénario mais je fais le film juste parce que vous avez écrit cette phrase : "Ils sont assis sur des gradins dauphinois." Quelqu'un qui écrit ça, il ne faut pas le laisser passer ! »

BERTRAND BLIER

꧁

WINSTON CHURCHILL participe à un dîner très ennuyeux chez sa fille Sarah. Il ne dit pas un mot de la soirée. Le mari de sa fille, Christopher Soames, fait pourtant tout ce qu'il peut pour essayer de faire passer le malaise auprès des invités. Au bout d'un moment, il finit par adresser la parole à Churchill, malgré l'air renfrogné de celui-ci.

– Cher beau-père, de toutes les personnalités que vous avez côtoyées durant la guerre, quelle est celle qui vous a le plus impressionné ?

Churchill ouvre enfin la bouche et laisse tomber :

– Mussolini.

– Mussolini ! C'est plutôt surprenant. Pourquoi Mussolini ?

– Parce qu'il a fait fusiller son gendre.

ANTOINE BLONDIN avait ses habitudes au CHU de Limoges, où ses nombreuses aventures l'avaient maintes fois menées lorsqu'il habitait la région. Il y disposait d'ailleurs en permanence d'un rond de serviette, signe ultime pour lui de son attachement à la place. On trouvait même dans cet établissement, à une époque, dans la chambre froide réservée aux prélèvements, une énorme boîte de métal sur laquelle était marqué : « Foie d'Antoine Blondin ». Les médecins trop curieux avaient la surprise, lorsqu'ils s'aventuraient à ouvrir cette boîte, d'y découvrir un énorme bloc de très bon foie gras. C'est son ami Maurice Ronet qui, un jour en visite à l'hôpital, l'avait apportée à notre patient avec un magnum de château-lafite. Étant davantage porté sur le liquide que sur le solide, Blondin fit vite un sort au bordeaux et confia le foie gras à une infirmière, afin qu'elle le mette à conserver au frais. C'est elle qui, craignant un larcin, identifia la boîte par cette fameuse étiquette et la déposa dans cet endroit bien incongru. L'histoire ne dit pas si des prélèvements du foie d'Antoine Blondin furent faits, ni quels en furent les résultats.

GEORGES COURTELINE, alors qu'il travaillait au ministère des Cultes, partageait son bureau avec un fonctionnaire peu soigneux de sa personne. Un jour, mû par la curiosité et l'exaspération, il lui demanda :

– Mais comment faites-vous, cher ami, pour changer ainsi de linge sale tous les jours ?

À mes débuts, j'ai joué dans un cabaret, le Slow Club, rue de Rivoli. À l'époque, le patron avait trouvé un truc pour faire son beurre, il s'était mis en cheville avec des chauffeurs de bus qui faisaient visiter la capitale aux touristes. Les mecs allaient au Lido, à Pigalle, au Sacré-Cœur puis on leur annonçait une visite de cave à Saint-Germain-des-Prés. Et comme c'était trop le bordel pour se garer à Saint-Germain-des-Prés, les cars s'arrêtaient rue de Rivoli et les mecs faisaient descendre les touristes au Slow Club en leur faisant croire qu'ils étaient arrivés à Saint-Germain. Comme le temps de visite était limité, on faisait un spectacle sans début ni fin. Dès que ça sonnait à la porte, on sautait sur scène et les touristes croyaient qu'ils arrivaient au milieu du spectacle. Quand ils repartaient, on arrêtait. Et pour faire plus couleur locale encore, on avait engagé un type qui ressemblait vaguement à Sartre qu'on faisait asseoir dans un coin avec un bloc-notes et qui faisait semblant d'écrire de la philosophie.

JEAN YANNE

TRISTAN BERNARD se promène dans la campagne avec son petit-fils âgé de 5 ans. Ils arrivent près d'un troupeau de moutons. Le petit garçon s'approche d'un des animaux, qui se met à bêler.

– Ce n'est pas comme ça qu'on fait « bêê », dit alors l'enfant au mouton.

Et Tristan Bernard à l'enfant :

– Toi, mon garçon, tu seras critique dramatique !

À mes débuts, j'avais cinq ou six textes pour tenir la scène une vingtaine de minutes. C'était dans un cabaret du côté de Versailles. Je commence sur une petite estrade avec un rideau derrière moi. Premier sketch : les gens ne rient pas ! Deuxième, puis troisième texte : le bide ! Et derrière moi je sentais le directeur qui allait et venait, frôlant le rideau. Cela devenait tragique. Lorsque mes quelques textes furent terminés, je fais mine de sortir, mais le directeur m'arrête en disant :

– Maintenant, Devos, envoyez vos gros trucs !

Chaval

C'est effrayant. Je n'avais plus de sketches. Dans ma panique, j'ai répondu :

– Monsieur le directeur, il faut savoir s'arrêter à temps !

RAYMOND DEVOS

Le slip était une pièce vestimentaire essentielle chez Carmet. Une pièce maîtresse. Une clé de voûte. Un jour, il m'en a prêté un pour me baigner dans sa piscine, et peut-être n'ai-je pas mesuré tout de suite l'honneur qui m'était fait. Je le confesse (et plutôt deux fois qu'une, si j'ose dire), j'ai commis un crime de lèse-Carmet : je suis parti sans le lui rendre.

Un mois plus tard, il m'appelle pour me prier de lui retourner le divin enfant. Évidemment, un mois plus tard, je ne savais plus où je l'avais mis. Mais plutôt que de lui avouer ma négligence, et espérant encore pouvoir le retrouver, je lui promis de m'exécuter. Et puis, que voulez-vous, la vie est ainsi faite que, parfois, on pense à autre chose qu'à des slips. Je sais, ça pouvait lui paraître curieux, mais pour moi, en tout cas, il en était ainsi... en un mot, j'ai encore oublié. Un mois plus tard, je trouve une lettre recommandée, rédigée dans le plus pur style administratif, m'exhortant instamment à lui rendre son bien au plus vite. Là, j'ai commencé à sourire. J'ai eu tort.

J'ai reçu un nombre incalculable de mises en demeure de plus en plus catégoriques. À tel point que j'ai fini par aller dans la première boutique venue pour acheter le plus beau spécimen de slip bleu qu'ils pouvaient trouver, et le lui envoyer. La réponse ne se fit pas attendre. Il m'a retourné le colis à la face et en Chronopost avec ces simples mots : « Voleur ! C'est pas le mien ! »

Ça a duré des mois, jusqu'à ce que, un soir de novembre, j'allume la radio et reconnaisse sa voix. « Je profite de mon passage sur les ondes pour réclamer instamment à Pierre Richard de me rendre mon slip bleu. Vous comprenez, disait-il à l'interviewer, ce n'est pas pour sa valeur, mais il m'avait été offert par une femme que j'ai beaucoup aimée. Il a une valeur sentimentale, et ça, ça n'a pas de prix. Tu m'entends, Pierre, implorait-il avec des accents d'une infinie tristesse, rends-moi mon caleçon ! » Il usait du trémolo comme un concertiste, au point qu'il m'a semblé entendre son interlocuteur réprimer un pudique sanglot.

Le courrier que j'avais reçu les dernières semaines n'était sans doute rien à côté de la déferlante de lettres d'auditeurs compatissants qui a dû parvenir à la radio. Les jours qui ont suivi, il m'a même semblé, dans la rue, essuyer quelques regards révoltés, solidaires de mon sans-culotte.

Ce qui me console, au fond, c'est que, dans ce grand élan populaire, parmi les témoignages d'encouragement des auditeurs, il a dû aussi recevoir, pour son plus grand plaisir, un nombre incalculable de slips bleus.

PIERRE RICHARD

Le célèbre tableau *La Cène* fut un chantier de plusieurs années. Alors qu'il désespérait de trouver un modèle qui accepte de prêter pour la postérité ses traits à Judas, LÉONARD DE VINCI rencontra un soir dans une rue mal famée un clochard dont la physionomie lui sembla parfaite pour incarner Judas. Il l'engagea donc, le clochard posa. Léonard, quelques jours après avoir commencé son travail, s'arrêta enfin, l'air intrigué, et demanda à son « Judas » :

– Nous nous sommes déjà rencontrés, n'est-ce pas ?

– Oui, répondit le modèle, il y a au moins sept ans de cela. Vous m'aviez fait poser pour Jésus.

Le bruit s'est répandu que j'avais été opéré, et d'autre part, la promotion de l'Instruction publique vient de paraître, et me voilà officier de la Légion d'honneur – ce qui fait que, journellement, je reçois douze ou quinze dépêches qui semblent contradictoires. En effet, les unes me disent : « Suis enchanté de la bonne nouvelle » – tandis que d'autres me déclarent : « Suis désolé de ce que je viens d'apprendre ». Et je ne sais jamais si l'on me parle de ma rosette ou de mon opération.

SACHA GUITRY

Au cours d'une tournée, mon épouse m'avait accompagné avec notre petite chienne Olympe, dite Pinpin. Une nuit, à l'hôtel où nous étions descendus, Pinpin faisait dodo comme d'habitude sur son couffin installé au pied du lit. Cette nuit-là, elle a dû faire un cauchemar, croire qu'on allait l'abandonner, puisqu'elle ne dormait pas à l'endroit habituel. À trois heures du matin, elle réclame à monter sur le lit par de petits grattements précipités, du côté où dormait sa maîtresse. Voici la scène : « Non ! Non ! Je te dis non... Non c'est non !... » Cinq minutes plus tard, vaincue par le ton ferme de sa maîtresse, Pinpin contourne le lit et tente sa chance du côté de son maître : « Non ! Non !! C'est non !! FOUS-MOI LA PAIX ! » J'ai imaginé ce que pourrait être la réflexion du client de la chambre d'à côté, prêtant l'oreille à ce dialogue nocturne dans un hôtel où les murs ne sont pas insonorisés – et ça arrive, même dans un hôtel quatre étoiles... Le lendemain matin, dans la petite salle commune où nous étions descendus prendre le petit déjeuner, j'eus la désagréable sensation d'être la cible de certains fous rires à peine dissimulés. J'en vins à me demander si cette petite saynète nocturne avec Pinpin, prêtant à confusion, n'avait pas déjà fait le tour de l'hôtel.

Popeck

Le jour de la première d'une pièce – d'un de ses confrères – **Georges Feydeau**, discrètement, filait avant la fin.

Un contrôleur le vit :

– Monsieur Feydeau, il y a encore un acte...

– C'est pour ça que je m'en vais, lui fut-il répondu.

Outre les coquilles, ce que je trouve savoureux dans la presse, c'est l'erreur qui se produit entre le moment où le journaliste écrit son article et le moment où il est imprimé. Parce que c'est dans cet intervalle que sévissent les correcteurs, qui quelquefois aggravent les choses. La plus belle que j'ai trouvée, c'est dans un journal breton. Le journaliste avait écrit SE pour sud-est, en abrégé. Le début de son article était : « Le navire a quitté le port à quatorze heures, poussé par un léger vent de sud-est. » Passé dans les mains du correcteur, c'est devenu, une fois imprimé : « Le navire a quitté le port à quatorze heures, poussé par un léger vent de Son Éminence. » Je sais bien que la Bretagne est un pays catholique, mais là, j'me marre !

JEAN YANNE

La vérité dépasse l'affliction. Voici une petite annonce parue au début du siècle dans le journal *L'Universel*. « J'ai l'honneur de faire part à mes amis et connaissances que la mort m'a enlevé ma chère et tendre épouse au moment précis où elle me donnait un fils, pour lequel je cherche une bonne nourrice, en attendant que je trouve une nouvelle compagne, jeune, jolie, et possédant deux cent mille francs, pour m'aider à diriger mon commerce de lingerie très renommé que je vais bientôt liquider, avant de me transporter dans la maison que je viens de faire construire au numéro 174 de l'avenue de la Victoire, où il me reste à louer de magnifiques appartements. » Vous avez bien lu : en une seule annonce le mec a fait savoir la mort de sa femme, la naissance de son fils, la demande d'une nourrice, la recherche d'une nouvelle épouse, l'âge et la dot souhaitée, il a fait de la réclame pour son commerce, il en a annoncé la liquidation, il a fait connaître son changement de domicile, la construction d'un immeuble et il fait savoir qu'il a des appartements à louer. On peut difficilement faire mieux !

JEAN YANNE

Un soir VOLTAIRE, en passant devant chez ALEXIS PIRON, qu'il détestait, s'arrêta et écrivit sur la porte d'entrée : JEAN-FOUTRE. Piron, qui était à la fenêtre, le vit faire. Le lendemain, Piron arriva chez Voltaire :

–Je viens vous rendre visite, lui dit-il. J'ai vu que vous étiez venu me voir et que, ne me trouvant pas, vous aviez laissé votre nom sur ma porte.

Les parties de tauromachie de Fouquet avec les voitures sur les boulevards, dans *Un singe en hiver*, étaient une spécialité d'Antoine Blondin. Que ce soit sur les boulevards ou ailleurs, celui-ci avait l'habitude, aux heures de pointe, d'aller mater quelques automobiles récalcitrantes. « Mon expérience de matador d'automobiles m'incite à me spécialiser dans la 2 CV. Certes, la bête est légère, mais elle est noble. Elle permet un travail très serré dans le berceau des phares. Le terrain idéal pour affronter ce fauve est le milieu de la chaussée. Il convient de s'installer sur la ligne jaune et de n'en bouger sous aucun prétexte. Le choix de ce terrain permet de travailler la file descendante en "naturelles" et la file montante en "passes de poitrine". Les *cogidas* qui peuvent résulter d'une erreur de jugement de l'homme sont rarement mortelles, je puis en porter témoignage. »

J'ai été grand tout petit. À 18 ans, je traînais déjà mon mètre quatre-vingt-seize filiforme et je décelais dans le regard des filles une sorte de panique. Elles semblaient se dire : « Je ne pourrais jamais faire la face nord de ce grand bidule sans être solidement encordée. » Je n'ai jamais connu le bonheur de danser joue contre joue. Quand j'invitais une dame pour un slow, elle avait toujours le nez collé contre ma cravate, ce qui ne facilitait pas la conversation. Je passe sur le nombre incalculable de fois où je me suis cogné le crâne contre des chambranles de portes d'un mètre quatre-vingts. Mes amis prétendent que ces chocs répétés expliquent mon comportement. Les baignoires d'hôtel, c'est l'eau ou moi... mais pas les deux à la fois. Les lits, s'il n'y a rien au bout, passe encore... mes pieds dépassent de vingt-cinq centimètres, mais j'arrive à dormir. Si cela n'est pas le cas, je somnole en hypoténuse. Combien de fois ai-je voyagé en avion en regrettant de ne pas avoir enregistré mes jambes en bagages ! Deux ou trois heures de vol avec les genoux sous le menton, ça laisse des traces.

JEAN AMADOU

Une nuit, alors qu'il déambule seul dans Paris, **ANTOINE BLONDIN** passe, rue Saint-Dominique, devant le porche d'un ministère, étrangement ouvert et sans surveillance. Il ne peut résister à la tentation, entre dans la cour, continue son périple jusqu'à trouver une porte ouverte. Il se retrouve ainsi dans les couloirs de marbre du ministère désert, allume les lumières les unes après les autres, et se dirige vers le bureau du ministre, où il s'installe. Mettant la main sur l'agenda du maître des lieux, il tombe sur la liste des téléphones préfectoraux. Continuant sur sa lancée, il compose le premier numéro, demande à parler au préfet de la part du ministre de l'Intérieur. Étant donné l'heure extrêmement tardive de l'appel, il insiste pour qu'on réveille celui-ci d'urgence. Quelques minutes plus tard, le préfet est en ligne. Blondin l'admoneste : « Comment cela, le pays traverse des heures tragiques et vous, vous dormez ! » Affolé, le préfet rétorque qu'on ne lui a rien signalé dans son département. Blondin reprend de plus belle, l'accusant d'être sourd et aveugle, et donc indigne d'exercer les « hautes responsabilités que la République vous a imprudemment confiées ». Il l'autorise à aller se recoucher, après l'avoir révoqué, sans pension, naturellement. Il s'apprêtait à réveiller le deuxième haut fonctionnaire de la liste pour lui faire subir le même sort au moment où deux représentants des forces de l'ordre firent irruption dans le bureau, arme au poing. L'intrus fut maîtrisé et conduit au commissariat le plus proche avant d'avoir terminé sa tâche de restructuration du corps préfectoral.

À la fin d'un dîner mondain, la maîtresse de maison demande avec insistance à l'un de ses invités, **MAURICE RAVEL**, de se mettre au piano. À bout d'arguments, celui-ci s'exécute. Il interprète une de ses œuvres célèbres, s'interrompt avant la fin et laisse tomber, en quittant le piano :

– Je n'ai pas aimé le dessert !

À propos de son père, **SACHA GUITRY** raconte ceci :

Avant de donner une réplique, il lui arrivait parfois de rester une demi-minute sans parler – et c'était saisissant.

Il jouait un jour une pièce dramatique d'un auteur célèbre, et quelqu'un le complimenta en ces termes :

– Quand vous dites le texte, monsieur Guitry, vous êtes merveilleux... mais c'est dans les silences que vous êtes particulièrement admirable !

Et Lucien Guitry répondit :

– C'est parce que les silences sont de moi !

J'ai connu un clochard à Saint-Germain-des-Prés qui ne voulait pas faire la manche. Il subvenait à ses besoins en faisant des extras comme serveur dans les restaurants du quartier. Le problème, c'est qu'il avait un œil de verre et que celui-ci était trop petit, il n'arrêtait pas de tomber par terre. Une fois l'œil est tombé dans la soupe d'un client qu'il s'apprêtait à servir. Il a prétexté que la soupe était trop froide et il est reparti en cuisine récupérer son œil et le remettre en orbite. Résultat, le client n'a pas eu sa soupe à l'œil !

RAYMOND DEVOS

Notre oncle Edmond était un être exquis, d'une infinie bonté et d'un esprit semblable à celui de son père. C'était la droiture même et la logique en personne. Succédant à son père, il vendait des rasoirs et du savon à barbe. Quand un client lui demandait si ce « fameux savon » était vraiment meilleur que les autres, il répondait :

– Depuis trente ans, je ne me sers que de celui-là.

Or, il portait toute la barbe – mais aucun client jamais ne songea à lui en faire la remarque.

SACHA GUITRY

Éloge funèbre d'une guenon

À Noisy-le-Grand, Michel Simon m'entraîne sur la tombe de Zaza, située au fond de son jardin. « Zaza, la guenon de ma vie », me souffle-t-il. Après une minute de recueillement, les larmes aux yeux : « J'ai dû partir en tournée pour jouer *Ademaï*, elle n'a pas pu supporter mon absence... Morte de chagrin... » Puis, après avoir fortement reniflé : « Dites-moi, cher auteur, connaissez-vous une femme qui... »

RENÉ DE OBALDIA

À mes débuts au cabaret, je ne ressemblais pas du tout au personnage que j'avais créé. Sur scène avec mon chapeau, ma redingote et mon accent, je paraissais être mon propre père, et il fallait être un bon physionomiste pour me reconnaître par ma moustache. Bien souvent, je m'amusais à jouer des tours, avec un naturel que j'avais déjà exercé dans l'émission de Philippe Bouvard, « Dix de der », pour laquelle je collaborais aux « caméras dissimulées ». Par exemple, j'arrive très en avance dans un cabaret qui m'avait engagé pour une soirée exceptionnelle : « Bonjour, monsieur ! » Déjà, j'observe que le patron des lieux ne me reconnaît pas, je pousse le bouchon : « À quelle heure, le spectacle de Popeck, s'il vous plaît ? » Le patron me répond en me regardant à peine : « C'est complet, monsieur. –Ah ! mais il me connaît bien, c'est un copain. –Copain ou pas, je vous dis qu'il n'y a plus de places. » Bien entendu, lorsque plus tard le monsieur se trouve en présence de Popeck, je vous laisse imaginer sa confusion. Il avait une excuse. Comme le petit mot que me fit passer Philippe Bouvard, au cours d'une émission des « Grosses Têtes » à laquelle je participais. Le mot disait : « Popeck, sans son accent, ce n'est plus Popeck ! » Cela me rappelait le temps du café-théâtre à Montparnasse où il y avait une entrée unique. La file d'attente des spectateurs s'étendait jusqu'au coin de la rue, et si j'étais un peu en retard, essayant de passer : « Pardon, pardon ! je suis Popeck », je m'entendais répondre : « Et moi, le général de Gaulle ! » J'étais obligé d'appeler le régisseur par téléphone, pour qu'il vienne me chercher. Ce qui m'amène à cette boutade (la dernière en date puisque maintenant, hélas, je suis reconnu pour être en harmonie avec l'âge du personnage, même sans chapeau) : alors que je prenais le métro, un agent de spectacle me tendit sa carte en m'affirmant que je pouvais gagner trois mille francs dans des soirées de variétés, comme sosie de POPECK ! Je ne savais pas que je me ressemblais autant.

POPECK

MARCEL PROUST n'oubliait jamais de donner des pourboires. Il demanda un jour au concierge du Ritz :

– Auriez-vous cinquante francs à me prêter ?

– Naturellement, monsieur.

– Eh bien, gardez-les. C'était pour vous.

J'ai compris le fonctionnement du ministère de la Culture quand j'ai racheté le théâtre du Vieux-Colombier. Je voulais en faire un centre miniature de télévision et de théâtre. Mais le théâtre était extrêmement mal foutu. Et là j'ai pu voir de quelle façon l'Administration facilitait la création. Par exemple, les fonctionnaires ont exigé que je fasse une sortie de secours. La seule façon d'en faire une était d'acheter la charcuterie voisine afin d'avoir un débouché. Mais le charcutier venait de gagner le Grand Prix international du boudin blanc, et à cause de cela il ne voulait plus vendre. À côté du théâtre, il y avait une discothèque de lesbiennes : par conséquent, m'a-t-on dit, on ne pouvait pas faire de matinées classiques au Vieux-Colombier. J'ai dû discuter avec le ministère de la Culture pour expliquer que les femmes ne venaient que la nuit et donc qu'elles n'avaient rien à foutre des matinées du jeudi. Rien à faire. On ne pouvait pas non plus faire de spectacles pour les enfants parce que les théâtres qui font des choses pour les jeunes, toujours *dixit* le ministère, doivent être situés à plus de deux cents mètres d'un bistrot, et dans le coin il y en avait partout. Dans la rue du Vieux-Colombier, il y avait aussi un double sens, donc on ne pouvait pas faire la queue à l'extérieur parce que deux autobus devaient se croiser et qu'il pouvait y avoir des accidents. J'ai fini par aller un jour redonner les clés aux énarques du ministère en les félicitant pour leur législation. Que le ministère de la Guerre se goure, déclare la guerre par erreur, bon, c'est normal, c'est le ministère de la Guerre, des militaires, on n'est pas surpris. Mais le ministère de la Culture, je crois qu'en matière de conneries, il surpasse tous les autres !

JEAN YANNE

Monsieur Gigon, docteur ès cassoulet, raconte la mort de Gambetta : « Gambetta, ayant dû garder la chambre à la suite d'une blessure causée par un coup de revolver, se remettait rapidement. Ses médecins lui recommandèrent l'exercice. Le premier jour, il eut la permission de marcher ; il fit une longue promenade et revint avec un fort appétit. On lui avait préparé un cassoulet. Il y vint, puis y revint plusieurs fois. La fièvre se déclara le soir même et, le 31 décembre, il expirait. » Il me plaît à penser que le seul homme d'État qui soit mort de ce qu'il aimait était français.

JEAN AMADOU

Au maître d'hôtel d'un restaurant russe qui lui demande ce qu'il aimerait que l'orchestre lui joue, JEAN YANNE répond : « S'ils veulent vraiment me faire plaisir, qu'ils jouent aux dominos ! »

Voici ce qu'il faudra écrire à mon sujet dans la grande encyclopédie de l'histoire du monde :

« Prévost Daniel (plus connu sous le nom de Daniel Prévost) : né avant les différentes guerres qui ont ensanglanté les premières décennies du troisième millénaire... Il fut le plus inutile de ses contemporains, marquant son époque par une absence totale d'initiative nationale. Ses discours, dépourvus d'intérêt, ne laissent aucune ligne digne d'être retenue. Dénué de toute pensée, homme sans aucune ambition, Daniel Prévost, qui ne fit jamais aucune promesse à son pays, ne représente aucun courant de pensée. Cependant, il laisse un grand vide autour de lui. Chaque année, le jour de l'anniversaire de sa naissance, des milliers d'admirateurs fidèles se pressent devant sa demeure afin de l'apercevoir (ne prend qu'un *p*, je ne l'écrirai jamais assez !) et de lui rendre un hommage qui se révèle être singulièrement inutile au fil des ans. »

DANIEL PRÉVOST

Coq au vin

Au cours d'un grand dîner, la marquise, sans cause apparente, rendit son coq au vin sur le plastron de l'ambassadeur. L'assemblée voulut ne rien remarquer : elle était composée de nombreux diplomates.

Jusqu'ici, la marquise, jeune et singulièrement troublante, abreuvait de joie l'ambassadeur. Comment ce dernier aurait-il soupçonné que d'une bouche aussi divine, d'une telle voix de cristal, pussent jaillir des quartiers de coq, arrosés de ce liquide violet et généreux ?

Cela va attirer des complications avec la Russie, pensa le Turc qui faisait face à la marquise. Et, de satisfaction, il lissa sa fine moustache. L'Angleterre, voisin de la beauté et heureux pendant de l'ambassadeur, ramena son genou à bâbord. Son désir de coloniser la marquise se trouva quelque peu refroidi. Wang-Wei-Tchou en profita pour soulever la question de l'Antarctique. Les points de vue échangés témoignèrent de l'intelligence des hommes d'État, ainsi que de leur amour réciproque pour les Esquimaux.

– La France restera toujours fidèle à sa tradition chevaleresque, claironna le général Beauchamp de Bompierre de Prepucet.

C'est à cet instant qu'une deuxième vague de coq au vin atteignit le Turc, un peu trop souriant, en pleine ceinture. L'on craignit pour les Dardanelles.

L'Amérique étala ses pieds sur la table. Un hobereau donna de la crête.

Plus éthérée que jamais, la marquise souriait à tous et se jeta sur la glace à la vanille. L'Angleterre prit nettement le large.

Tout de même, la paix fut sauvegardée dans le monde quelques mois encore.

RENÉ DE OBALDIA

On entend de ces choses, parfois !

On entend de ces choses, parfois ! Comme cette formule que tout le monde répète depuis la nuit des temps : « On naît seul, on meurt seul. » Eh ben, c'est pas vrai ! C'est pas vrai ! On ne naît pas TOUJOURS seul et on ne meurt pas TOUJOURS seul. Je suis SOUVENT là.

Je sais pas comment je me démerde, moi, mais, dans les deux cas, j'ai le chic pour être aux premières loges. Alors, y a une chose qui doit être dite – quoi qu'on en dise – c'est que, tout du moins en milieu hospitalier, on traite tout de même beaucoup mieux les moribonds que les nourrissons. C'est pas un concours non plus mais c'est vrai, hein. J'ai vu des bébés de deux secondes se faire dévisser la tronche par des gynécologues à bout de nerfs, qui se mettent à les tabasser sans raison, va savoir ce qui leur prend, à ces forcenés, un truc à les dénoncer à la DDASS ; le gosse a rien fait, c'est la première fois qu'il met le nez dehors, on le roue de coups, on le fout sous un jet d'eau glacée ; vous imaginez ce qui se passe dans la tête du mouflet ; il se dit :

– Mais qu'est-ce que c'est que cette bande de nazis ? Elle est folle, ma mère, d'accoucher dans un commissariat ; on n'est même pas beur, on n'est même pas black, on est français de souche. Pourquoi il me tape, lui ? Ça commence bien.

Et quand on demande à ce maboul de toubib pourquoi il s'acharne comme ça sur un gosse sans défense, généralement, il vous répond :

– C'est pour le faire pleurer !

Ah ! ben, c'est réussi, mon con.

En tout cas, les mômes, on les prend pas en traître, hein ! Dès le début, ils savent dans quel monde hostile ils viennent de se poser. Après ça, l'Afghanistan, l'Irak, la Tchétchénie, le terrorisme, l'intégrisme, le fascisme, ça les surprend pas, ILS SAVENT. Blindés. À vie. Alors que – j'insiste –, en phase terminale, j'ai jamais vu personne – encore heureux ! – se faire bousculer les métastases par un cancérologue, aussi excité qu'il soit... Même Schwarzenberg qui, tout le monde le sait, a pratiqué des euthanasies – mais quand même pas à coup de tartes dans la gueule ! –, il le fait pas, ça. Crozemarie, peut-être, à l'époque, pour ceux qui avaient pas payé leur cotisation... Non, je blague.

Guy Bedos

Voici le texte d'une petite pancarte qu'**ALPHONSE ALLAIS** accrochait à la porte de son appartement quand il voulait rester seul chez lui :

« Monsieur Alphonse Allais étant rentré ce matin à la première heure du jour en état d'ébriété manifeste s'excuse auprès des visiteurs éventuels de ne pouvoir accueillir décemment personne avant l'heure sainte de l'apéritif, catégorique et crépusculaire. »

Lors d'une séance de l'Académie française, **BENSERADE** s'installa à la place d'un de ses pires ennemis : Furetière. S'asseyant, il lance à la cantonade :

– Voilà une place où je vais dire bien des sottises !

Réplique immédiate de **FURETIÈRE** :

– Courage, vous avez bien commencé !

Une anecdote concernant deux inséparables compères, **FRANCIS BLANCHE** et **PIERRE DAC** :

Un matin, Pierre Dac se présente, l'air soucieux, dans un studio de radio devant son vieux complice Francis Blanche.

– J'ai un problème de trésorerie inquiétant. J'aurais besoin que vous m'aidiez. Immédiatement, et en liquide si possible.

Étonné d'une telle demande, si peu conforme à la pudeur légendaire de Pierre Dac, en public de surcroît, Francis Blanche s'inquiète, pensant que la situation doit être réellement grave pour amener Dac à enfreindre sa nature.

– Oui, reprend Pierre Dac, excusez-moi, mais, de toute urgence, il me faudrait un franc.

Francis Blanche, rassuré, rentre comme à son habitude immédiatement dans le jeu :

– Cela me gêne un peu, voyez-vous. Toutefois, si vous me promettez de me rendre l'argent au prochain enregistrement, je dois pouvoir m'arranger pour vous l'avancer.

Pierre Dac promet, et Francis Blanche lui avance la précieuse pièce. Lors de l'enregistrement suivant, Francis Blanche interpelle Pierre Dac dès son entrée dans le studio :

– Avant de commencer, mon cher Pierre, je dois vous demander d'avoir la gentillesse, comme le stipule notre accord, de me rendre la somme que je vous ai prêtée la dernière fois.

– Écoutez, mon cher, répond Dac désolé, je suis confus, mais j'en suis dans l'impossibilité. Je croyais pouvoir… mais je ne peux absolument pas vous la rendre aujourd'hui.

Une semaine plus tard, même numéro. Et la scène se répète durant un bon mois, Francis Blanche se montrant de plus en plus sévère et coléreux dans ses demandes, Pierre Dac de plus en plus confus et consterné. Jusqu'au jour où, au beau milieu d'un enregistrement, un huissier vient demander à « monsieur Pierre Dac, littérateur, de la part de monsieur Francis Blanche, comique troupier » le remboursement immédiat de la somme. Pierre Dac, qui avait, comme Francis Blanche, le pouvoir de verser spontanément des flots de larmes, se met à pleurer lors de la lecture de l'ordre de l'huissier. À la fin de celle-ci, il demanda à l'homme de loi, gêné par cette situation peu banale et touché par les larmes du débiteur :

– Écoutez, monsieur, s'il vous plaît… accordez-moi un délai… Je ne peux régler ma dette que par mensualités !

À son ami, l'écrivain **CHARLES-HENRY HIRSCH** qui le pressait de se présenter sous la Coupole, **COURTELINE** a cette réponse :

– Examinez l'un après l'autre ces messieurs, ils vous sont tous inférieurs.

– Mais alors, pourquoi voulez-vous que j'aille m'asseoir avec eux ?

Claude Brasseur m'a raconté que l'autre jour, alors qu'il jouait sur scène, il y a un téléphone portable qui a sonné dans la salle. Alors, il s'est approché de l'avant-scène et il a dit :

– Si c'est pour moi, dites que je travaille.

CITÉ PAR PIERRE BÉNICHOU

FRANCIS BLANCHE se promenait un jour avec son ami **JEAN CARMET** dans une de ses grosses Cadillac décapotables. Ne trouvant pas de place pour se garer, il s'arrêta à la hauteur d'une vieille 4 CV délabrée, en plein centre de Paris. Jean Carmet sauta de la voiture, faisant mine de chercher une place. Avisant le tacot, il cria à Francis Blanche, au beau milieu de la foule des grands jours :

– Ici Francis, il n'y a qu'une bagnole de prolo...

La réaction de l'acteur ne se fit pas attendre. Il manœuvra et enfonça l'arrière-train de la Cadillac dans la 4 CV, recommençant à plusieurs reprises, s'acharnant, jusqu'à ce que la pauvre voiture prenne l'aspect d'une œuvre de César. Un attroupement se fit autour de la scène. Devant les badauds indignés, Jean Carmet ne perdait rien de son légendaire flegme, en rajoutant même :

– Voiture de minable, véhicule de pauvre, médiocrité...

La police avertie par les passants arriva sur les lieux. Francis Blanche s'offusqua devant les représentants de l'ordre :

– Eh bien quoi, on n'a plus le droit de casser ses propres affaires.

Il exhiba alors ses papiers : la 4 CV lui appartenait. Il l'avait achetée spécialement pour l'occasion.

CSϿ

La tragédienne SARAH BERNHARDT (de son vrai nom Rosine Bernard) assurait qu'il lui arrivait de se tromper de bonne foi sur son âge car, dans sa jeunesse, elle avait dû tricher avec lui pour être admise très jeune au Conservatoire.

Le tribun LÉON GAMBETTA lui dit, un jour, en riant :

– Vous êtes comme la République, vous avez des majorités de rechange.

CSϿ

Octobre 1961. Se présentant à un poste de douane franco-suisse, le **général de GAULLE** serre les mains des douaniers :

– Messieurs, je n'ai rien à déclarer... Une fois n'est pas coutume.

CSϿ

Une confession de JEAN DUTOURD :

Souvent, avant les élections à l'Académie, on vient me voir pour solliciter ma voix et le peu d'influence que j'ai auprès de mes pairs. C'est assez ennuyeux de recevoir tous ces gens. Alors, parfois, je l'avoue, je suis tenté, au moment où ils s'apprêtent à repartir, de leur faire une bonne blague. J'ai envie de les prendre par le bras et de leur dire à voix basse :

– Dites donc, mon cher, avant de partir, pardonnez-moi de vous demander cela mais je suis un petit peu serré en ce moment... Vous n'auriez pas cinq mille francs à me prêter. Mais rassurez-vous, je vous les rendrai.

Je suis sûr que ça marcherait. Mais, le plus beau, ce serait de réussir ce que ma femme veut faire... Elle veut leur demander de nettoyer les vitres de nos fenêtres. Ça, pour le coup, ce serait vraiment formidable !

Jean Gabin disait, à la fin de sa vie :

– Je me suis rendu compte que j'avais pris de l'âge le jour où je me suis aperçu que je passais plus de temps à bavarder avec les pharmaciens qu'avec les garçons de café.

Un ami commun tenta un jour de réconcilier deux hommes politiques ennemis : Briand et Caillaux. C'est Caillaux qui adressa le premier la parole à son vis-à-vis :

– Je vous souhaite tout ce que vous me souhaitez.

Et Briand de jouer l'outragé :

– Oh ! Voyez, vous recommencez déjà !

L'actrice Elizabeth Taylor confie volontiers :

– Le goût s'affine avec l'âge. Il m'est arrivé, il y a vingt ans, d'épouser des hommes que je ne recevrais même pas à dîner, à présent.

À la fin de sa vie, Sacha Guitry souffrait le martyre. Le parolier Albert Willemetz se désolait, à son chevet :

– C'est affreux, pour un vieil ami comme moi, de te voir dans cet état.

– Eh bien, proposa, d'une voix faible, Sacha Guitry, fâchons-nous.

Une confession du chanteur et humoriste **Carlos** :

C'était il y a vingt ans, j'étais à New York avec un copain et on était descendu à l'hôtel Pierre. On avait nos chambres au vingt-neuvième étage.

Une fois, on était rentré à cinq heures du matin après avoir fait la java toute la nuit. J'étais tellement fatigué que je me suis écroulé à poil sur mon lit et que je me suis endormi tout de suite. Mon copain qui était dans la chambre voisine m'a entendu ronfler. Il est venu dans ma chambre et en voyant qu'il y avait des roulettes sous les pieds de mon lit, il a eu une idée.

Il a poussé doucement mon lit hors de ma chambre jusqu'à l'ascenseur. Il m'y a fait entrer et ce con a appuyé sur le bouton. Et je suis descendu jusqu'au rez-de-chaussée, toujours endormi. Il ne s'est rien passé pendant un quart d'heure. Et puis deux vieilles Américaines qui rentraient de java aussi ont voulu prendre l'ascenseur et ont vu les portes s'ouvrir sur un lit et un jeune homme nu, même pas recouvert d'un drap ! Elles ont pénétré dans l'ascenseur et ont appuyé sur le bouton. Je me suis réveillé avec l'impression que ma chambre montait et qu'il y avait deux dames que je ne connaissais pas qui y étaient entrées. De toute ma vie, je n'ai jamais eu un réveil aussi effrayant ! Mais elles ont été sympa. Elles m'ont déposé en passant à mon étage.

Quand **Josiane Balasko** se donna un rôle de camionneuse homosexuelle dans son film *Gazon maudit*, un journaliste lui dit :

– Vous allez faire jaser sur vos mœurs à la ville.

À quoi, elle répliqua :

– Si je jouais Bernadette Soubirous, on me soupçonnerait pas d'entendre des voix.

Une réplique de Jules Renard à un ami :
– Bien des choses à votre femme !
– Aucune. Elle choisirait les plus indécentes.

La Fontaine avait été invité chez des amis qui possédaient une grande propriété à Antony, à quatre lieues de Paris. À l'heure du dîner, il n'était pas présent. On l'appela, on le sonna, il ne vint pas. Quand le repas fut terminé, il apparut enfin. On lui demanda où il était.

– Je viens, répondit-il, de l'enterrement d'une fourmi. J'ai d'abord suivi le cortège et, ensuite, j'ai raccompagné la famille.

Une anecdote contée par Sim :

À l'époque – c'était sous René Coty –, Jean Nohain s'était arrangé pour me faire engager pour l'arbre de Noël des enfants du palais de l'Élysée. Et, avant le spectacle, il y avait un repas pour les artistes avec le Président et sa femme, et moi j'avais un trac pas possible de me retrouver à la même table que le président de la République.

J'étais en bout de table et arrive le moment du dessert. C'étaient des oranges givrées. On m'en sert une et, là, impossible de la couper ! J'ai beau essayer, pas moyen de l'ouvrir, je m'énerve et j'appuie un peu trop fort et zou ! l'orange file droit dans la bibliothèque qui était à ma droite et disparaît derrière les livres. Je regarde la tablée et je constate que personne n'a rien remarqué : tout le monde écoute et fixe Jean Nohain, qui est à l'autre bout de la table. Je me dis qu'il m'a sauvé du ridicule. Je me fais le plus petit possible, mais madame Coty se rend compte que mon assiette est vide et me dit :

– Oh ! Monsieur Sim, je vois que vous aimez les oranges givrées, en voulez-vous une autre ?

Je marmonne que oui, j'aime les oranges givrées, mais que non, je n'en veux pas une autre. Mais je sens bien au regard de Nohain et du Président Coty que le fait qu'il n'y ait pas de peau d'orange dans mon assiette les intrigue terriblement.

Heureusement, on nous dit de passer au salon pour le café. On y va tous, mais moi je n'avais qu'une idée en tête : faire en sorte qu'on ne découvre pas, dans un mois, une orange pourrie parmi les livres de l'Élysée. Je m'éclipse discrètement, je récupère cette saloperie d'agrume, je me la fourre dans la poche et je demande où sont les toilettes. J'y vais et je la jette dans la cuvette. Je tire la chasse et, là, c'est la catastrophe, elle ne coule pas. Elle reste bloquée. Je tire, je retire, je reretire. Rien à faire. À ce moment-là, on frappe à la porte et j'entends la grosse voix de Jean Nohain qui me demande si je vais bien. Je panique encore plus et je tire comme un forcené sur la chasse d'eau. L'orange ne bouge pas. Nohain s'impatiente encore plus et, au bout d'un moment, il faut bien que je sorte. Nohain se précipite à l'intérieur, voit l'orange, se souvient qu'il n'a pas vu la peau dans mon assiette et me dit :

– Vous voyez, mon petit, quand on ne mâche pas, ça ne passe pas.

Le polémiste **JEAN GALTIER-BOISSIÈRE** disait à **MICHEL SIMON** qui venait de jouer le rôle du Malin dans *La Beauté du diable*, de René Clair :

– Tu sais que tu es beaucoup mieux sans la barbe.

– Ne me dis pas ça, protesta Michel Simon. Je me trouve affreux, sans ma barbe. J'ai l'air d'un acteur.

Un temps, l'auteur-interprète **PETER USTINOV** arbora un magnifique collier poivre et sel. Il le coupa bien vite, en expliquant :

– Cette barbe me faisait ressembler au diable, mais ce n'est pas pour cela que je la portais. Je croyais gagner du temps en ne me rasant pas le matin. Mais j'en perdais beaucoup plus à expliquer à tout le monde pourquoi je m'étais mis à porter la barbe. Alors, je l'ai fait disparaître.

Un admirateur rencontre **ALEXANDRE DUMAS**, à 60 ans passés, et se répand en éloges :

– Vous, cher maître ? Ah ! Quel bonheur de vous voir ! Eh ! vous avez une mine superbe ! Vrai, vous rajeunissez !

– J'y ai mis le temps !

LES QUARANTE BOÎTES DE PRÉSERVATIFS, C'EST POUR QUI ?
PIEM

Un des plus grands danseurs du XVIIIe siècle, **VESTRIS**, avait un fils initié au même art. On lui fit un jour compliment de ce fils :

– Savez-vous que votre fils vous surpasse ?

– Je le crois bien, je n'ai pas eu un aussi bon maître que lui.

Hier, élection d'Eugène [Ionesco] à l'Académie. Il m'a dit, terrifié : « C'est pour toujours, pour l'éternité. »

Je le rassure : « Mais non, pense à Pétain, à Maurras, à Abel Hermant et à quelques autres. Ils en furent chassés. Tu auras peut-être aussi l'occasion de commettre quelque acte de trahison. »

Lui : « Il y a donc de l'espoir. »

EMIL CIORAN

On chatouillait beaucoup **ALEXANDRE DUMAS** au sujet de ses « nègres ». Un jour qu'on lui demandait ironiquement si son dernier roman était de lui, l'auteur répliqua :

– Hélas oui. J'employais mon valet de chambre à cette besogne, mais le drôle, étourdi par ses succès, m'a demandé de tels gages que je me suis vu forcé de travailler pour lui.

Rita Hayworth tournait *La Dame de Shanghai*, sous la direction de son mari, **ORSON WELLES**. La chaleur, sur le plateau, était terrible, et son maquillage en souffrait.

– Attendez, dit le chef maquilleur. Miss Hayworth sue terriblement. Il faut que je lui fasse quelques retouches.

Orson Welles explosa de fureur :

– N'employez jamais plus le mot « suer » à propos de miss Hayworth, hurla-t-il. Apprenez, une fois pour toutes, que les chevaux suent, les humains transpirent mais miss Hayworth, elle, irradie.

HISTOIRES DRÔLES ET BLAGUES DE COLUCHE

Chaval

BLAGUES RACONTÉES PAR COLUCHE

Un fonctionnaire à un de ses collègues :

– J'ai une règle d'or. Le matin, j'arrive toujours le premier au travail.

– Ah bon, pourquoi ?

– Parce que ça m'embêterait d'être le dernier à rien foutre !

Un type lit un programme électoral d'un air dubitatif : « Les écarts de salaire, les écarts de salaire… le pire, c'est quand même celui qui existe entre deux mois de salaire ! »

Journal télévisé au Japon : « On vient d'apprendre le suicide d'un homosexuel par hara-kiri. Bilan : deux morts ! »

Un type rencontre un de ses amis qui lui demande des nouvelles de sa santé :

– Ça ne va pas fort… tu sais, le stress… tous les soirs, j'ai une boule dans l'estomac qui m'empêche de respirer. Il n'y a rien à faire.

– J'ai ton remède ! Ça m'est arrivé l'année dernière et je me suis guéri en faisant l'amour avec ma femme tous les soirs en rentrant. Les tensions s'en vont, on se sent tout de suite mieux et la douleur passe très vite !

– Je vais essayer !

Un mois plus tard, ils se croisent à nouveau :

– Alors, mon remède, tu as essayé ?

– Oui. Ça m'a fait tout de suite de l'effet. Je vais beaucoup mieux. Je te remercie. À propos, c'est vachement mignon chez toi !

Un ouvrier pose une moquette chez une dame très snob. Elle lui a promis une récompense s'il a effectué le travail lorsqu'elle reviendra. Au moment même où il termine le dernier carré, il entend la porte qui s'ouvre. Fier de lui, il jette un dernier coup d'œil sur son œuvre et s'aperçoit qu'il y a une bosse en plein milieu de la pièce. Les pas se rapprochant, il n'a plus le temps de décoller, il court donc vers la bosse et tape du pied dessus, saute à pieds joints, fait tout ce qu'il peut pour l'aplatir totalement. Lorsque la dame entre dans la pièce, tout est parfaitement lisse et plat. Satisfaite, elle va chercher la récompense promise et, en revenant, demande à l'ouvrier :

– Dites-moi, vous n'auriez pas vu mon cochon d'Inde ?

Une femme demande à son mari :

– Chéri, tu préfères une femme belle ou une femme intelligente ?

– Ni l'une ni l'autre, lui répond-il, tu sais bien que je n'aime que toi !

Un type va voir un psychanalyste réputé qui lui dit :

– Vous avez droit à deux questions par séance. Chaque séance coûte cinq mille francs.

– Cinq mille francs?

– Oui. Vous avez une deuxième question ?

Un type se présente à l'ANPE et dit :

– Je n'ai aucun diplôme, aucune expérience, je sors de prison et je voudrais tout de suite un boulot tranquille et très bien payé.

– Bien, monsieur. Justement, on recherche un gardien pour une somptueuse propriété en bord de Loire, château du XVIIIe, étang, golf, tennis et piscine privés, Rolls-Royce à faire tourner, avec la jouissance de tout le domaine pour vous. Le propriétaire ne vient qu'une fois tous les deux ans. C'est payé soixante-quinze mille francs par mois.

– Vous vous foutez de moi ?

– Oui, mais c'est vous qui avez commencé !

Un vieux bonhomme pleure dans la rue. Un passant s'arrête et lui dit :

– Mais voyons, il ne faut pas pleurer comme ça ! Vous n'avez pas où aller ?

– Si, si.

– Vous n'avez pas de domicile ?

– Si, j'ai un hôtel particulier dans un grand parc en plein Paris. Avec quarante et une pièces, piscine et tennis !

– Ah... euh... mais vous vous sentez seul, c'est ça ?

– Non, non, je suis marié avec une superbe jeune fille de 26 ans, ancien mannequin, elle est adorable avec moi, une vraie beauté, et en plus un cordon-bleu, elle me prépare tout ce que j'aime. À l'heure qu'il est, elle doit m'attendre pour se plier à mes quatre volontés ! Une sainte !

– Mais alors, pourquoi pleurez vous comme ça ?

– Parce que je ne sais plus où j'habite !

– Comment appelle-t-on un chien qui n'a pas de pattes ?

– On ne l'appelle pas, on va le chercher.

Des terroristes prennent un car en otage. Après quarante-huit heures de silence, le chef s'approche d'une frêle jeune fille et lui dit :

– Comment t'appelles-tu ?

– Ginette.

– Tu as de la chance. Ma mère s'appelait Ginette. Je vais t'épargner.

Puis, avec des yeux noirs, il se retourne vers son voisin, un petit cadre supérieur, calvitie, costume, nœud papillon.

– Et toi, comment t'appelles-tu ?

Écroulé de peur, le petit homme arrive à articuler :

– Jean-Yves.

– Jean-Yves ?

– Oui, mais dans le quartier tout le monde m'appelle Ginette !

Une femme dit à son mari :
– Donne-moi cent francs que j'achète un soutien-gorge.
– Pour quoi faire ? Tu n'as rien à y mettre !
– Et toi, alors, pourquoi tu achètes des slips ?

Un type va chez le coiffeur et lui dit :

– Je voudrais que vous me rasiez sur le côté gauche, que vous me fassiez une brosse sur le dessus avec un trou en plein milieu, la nuque dégarnie avec quelques touffes de cheveux par-ci par-là et une frange de travers.

– Mais je ne peux pas faire ça ! Ce n'est pas une coupe !

– C'est pourtant ce que tu m'as fait la dernière fois !

Un type se lamente devant un copain :

– J'aurais dû écouter ce que me disait ma mère quand j'étais petit !

– Et qu'est-ce qu'elle te disait ?

– Je ne sais pas, je te dis que je n'écoutais pas !

– Il paraît que vous avez eu un joli bébé ?
– Oui !
– Et il marche depuis longtemps ?
– Depuis trois mois maintenant !
– Dites donc, il doit être loin !

– Tu sais quelle différence il y a entre une souris et un éléphant ?
– Non.
– Alors là, je ne peux plus rien pour toi.

Un type monte dans le bus et demande au chauffeur :

– C'est... c'est... c'est... combien p... p... p... pour le... le... mu... mu... musée, si... si... s'il vous plaît ?

– C'est... c'est... huit fr... francs.

Il paie et va s'asseoir. Monte une deuxième personne derrière lui :

– C'est combien pour le musée, s'il vous plaît ?

– C'est huit francs.

Entendant cela, le type furibond va trouver le chauffeur :

– Vous... vous... vous êtes mo... mo... moqué de... de moi !!

– Pas... pas... pas du tout ! réplique le chauffeur, je... je... je me suis mo... mo... moqué de lui !!

Trois amis qui ont fait fortune se rencontrent par hasard.

– Moi, dit le premier, j'ai gagné tellement d'argent que je pourrais acheter Tokyo !

– Moi, dit le deuxième, avec ma fortune, je pourrais acheter tout le Japon si je voulais.

Le troisième regarde alors les autres et dit :

– Et qui t'a dit que je voulais vendre ?

Qu'est-ce qu'un zigzag ?

Réponse : la plus courte distance entre deux bars.

Un touriste circule en voiture en Amérique du Sud. Il roule tranquillement à quatre-vingt-dix kilomètres/heure, quand il voit indiqué sur la route : « Maxima 40 ». La route est grande, complètement dégagée, mais comme il ne veut pas avoir d'ennuis, il ralentit jusqu'à quarante kilomètres/heure. Au bout de quelques minutes, nouveau panneau, « Maxima 30 ». Un peu énervé contre la législation, il ralentit et continue. Un peu plus loin, il voit indiqué « Maxima 20 », il baisse la vitesse, puis « Maxima 10 », il n'en peut plus, se traîne sur la route en rouspétant, jusqu'à un village à l'entrée duquel il voit écrit : « Bienvenue à Maxima ».

Une Lada taxi se traîne dans les rues de Moscou. Le client, un touriste américain, demande au chauffeur :

– Vous ne pouvez pas aller plus vite, s'il vous plaît ?

– Bien sûr que si, répond le chauffeur, mais je n'ai pas le droit de quitter mon véhicule.

Deux vieux fêtent leurs cinquante ans de concubinage.

– Au bout de tout ce temps, suggère la vieille femme, on ferait peut-être bien de se marier, non ?

– Tu ne nous as pas regardés, lui répond son mari, qui voudrait de nous ?

Une jeune fille qui pend sa crémaillère demande à une de ses amies qui vient elle aussi de fêter son nouvel appartement les quantités de victuailles à prévoir :

– Il y aura les mêmes gens que chez toi. Combien de petits-fours as-tu achetés, toi ?

– Huit cents.

– Ah bon ? Et combien de bouteilles ?

– Cinquante.

– Tant que ça ?

– Eh oui !

La jeune fille va donc acheter huit cents petits-fours et cinquante bouteilles et fait sa fête. Le lendemain, elle rappelle son amie :

– Dis-moi, je ne comprends pas, on avait le même nombre d'invités, on a acheté autant de choses, et moi ce matin, il me reste trois cents petits-fours et vingt bouteilles !

– Et alors, répond son amie, c'est normal ! Moi aussi, le lendemain, il m'est resté trois cents petits-fours et vingt bouteilles !

Un type rencontre une de ses connaissances, réputée pour toujours emprunter de l'argent aux autres sans jamais le rendre. Ça ne manque pas, le tapeur lui demande immédiatement de lui prêter cent francs.

Le type lui tend alors cinquante francs.

– Pourquoi cinquante ? Je t'ai demandé cent francs, non ?

– C'est vrai, mais c'est mieux que rien, et puis comme ça, c'est plus équitable : je perds cinquante et tu perds cinquante.

☙

Une grand-mère prend l'avion pour la première fois. Quelques minutes après le décollage, elle se plaint à l'hôtesse :

– J'ai les oreilles qui se bouchent, ça me fait mal.

– Ne craignez rien, madame, répond l'hôtesse en souriant, c'est normal. Je vais vous donner quelques chewing-gums, avec, ça passera.

Lorsque l'avion atterrit, la mamie appelle à nouveau l'hôtesse :

– Les chewing-gums m'ont beaucoup aidée, comme vous me l'aviez dit, je vous remercie infiniment. Mais dites-moi, comment dois-je faire pour les retirer de mes oreilles, maintenant ?

☙

Un Belge entre dans un magasin de sport pour acheter une casquette de base-ball. Il en essaie plusieurs. Au bout d'une demi-heure, il finit par demander au vendeur : « Vous n'en auriez pas plutôt une avec la visière sur le devant ? »

☙

Où se trouvent les plus grandes réserves d'or du Bangladesh ?

Réponse : sur la mâchoire droite du Premier ministre.

☙

Un gardien demande à deux prisonniers belges de mesurer la hauteur d'un poteau téléphonique situé en pleine campagne. Ceux-ci commencent à essayer d'escalader le poteau mais celui-ci est très glissant et ils ne peuvent arriver au sommet. Un troisième prisonnier, français, arrive alors et dit aux autres : « Vous êtes bêtes, il suffit d'arracher le poteau, de le coucher, de le mesurer et de le remettre en place ! » L'un des Belges se retourne alors vers l'autre et lui dit :

« Ça, c'est bien les Français. Tu leur demandes la hauteur et eux veulent mesurer la longueur ! »

☙

Deux Belges qui chassaient dans la forêt se sont perdus. L'un dit à l'autre :

– Je sais ce qu'il faut faire dans notre cas, il faut tirer en l'air et attendre qu'un autre chasseur de notre groupe vienne à notre secours.

– Bonne idée.

Ils tirent donc en l'air une première fois, attendent quelques minutes, personne ne vient. Ils tirent à nouveau, attendent encore quelques minutes et ne voient toujours personne. Vingt minutes plus tard, l'un dit à l'autre :

– Il faut réessayer.

– Je veux bien, lui répond son copain, mais il va falloir faire attention, on n'a presque plus de flèches.

Un touriste a décidé d'aller chasser dans la jungle. Il a engagé un guide local par correspondance. Lorsque le guide se présente à lui, il constate effaré qu'il est tout petit et tout frêle. Il lui demande :

– Écoutez, ça me semble difficile. Je fais près de cent kilos, qu'est-ce qui se passera si j'ai un malaise et que vous êtes obligé de m'emmener sur votre dos ?

– Ne vous inquiétez pas ! le rassure le guide, je vous ramènerai. Le mois dernier, j'ai bien ramené un cerf de quatre-vingts kilos à la maison sur mon dos.

– Mais comment avez-vous pu y arriver ? s'étonne le touriste.

– Très simplement, explique le guide, j'ai fait dix voyages.

ᘛ

Un type passe la douane hollandaise. Le douanier lui demande :

– Vous avez de l'alcool ?

– Non.

– Vous avez des armes ?

– Non.

– Vous avez de la drogue ?

– Non.

– Vous en voulez ?

ᘛ

Le docteur convoque la femme d'un de ses patients :

– Madame, votre mari a besoin de repos. Voici une ordonnance pour obtenir un puissant calmant.

– Je lui donne combien de comprimés par jour ?

– Aucun. Mais vous, vous en prenez deux à chaque repas.

ᘛ

Un patient à son médecin :

– Docteur, on a calculé que j'avais un quotient intellectuel de 52. Je ne comprends pas pourquoi !

– 52! Alors, il est normal que vous ne compreniez pas !

ᘛ

C'est une femme qui se rend chez son docteur. Elle se plaint d'avoir des poils qui lui poussent sur la poitrine. Le médecin lui demande :

– Montrez-moi donc ça... Ah oui, effectivement... c'est curieux ! Mais jusqu'où cela descend-il ?

– Eh bien, jusqu'à mes testicules, docteur.

Un type va chez le docteur et lui dit :

– Lorsque je me touche ici, ça me fait mal (en se touchant le cou).

– Lorsque je me touche ici, ça me fait mal (en se touchant un bras).

– Lorsque je me touche ici, ça me fait mal (en se touchant le ventre).

– Lorsque je me touche ici, ça me fait mal (en se touchant un genou).

– Lorsque je me touche ici, ça me fait mal (en se touchant une jambe).

Le docteur lui touche alors le nez et demande :

– Et ici ?

– Non, je ne sens rien !

– Allons à la radio. Vous devez avoir une fracture de l'index.

La secrétaire dit à son patron :

– Chef, j'ai une bonne et une mauvaise nouvelle !

– Eh bien, donnez-moi la bonne !

– Vous n'êtes pas stérile !

Quelle différence y a-t-il entre une assiette de haricots et un pet ? Réponse : environ un quart d'heure.

Deux hommes se rencontrent dans un bar un peu branché. L'un dit à l'autre :

– Vous êtes homosexuel, monsieur ?
– Non, et vous ?
– Non plus.
Et les deux ensemble :
– Dommage !!

Une jeune femme prend l'habitude de sortir tard le soir. Un jour, elle rentre et avoue à ses parents qu'elle est enceinte. Ceux-ci sont bouleversés et acceptent finalement de garder le bébé puis de l'élever. Fou de tennis, le père décide que si c'est un garçon on l'appellera Björn, et Martina si c'est une fille, en hommage aux deux champions.

Quelques mois plus tard, les futurs grands-parents font les cent pas dans le couloir de la maternité. Le médecin arrive soudain, le grand-père lui demande :
– Alors, docteur, Björn ou Martina ?
– Ni Björn, ni Martina, Yannick !

C'est un riche Corse sur son lit de mort qui appelle ses fils pour savoir qui va hériter. Par tradition, c'est le plus fainéant qui l'emportera.
– Jean, monte, je dois te poser une question.
Le fils monte :
– Jean, imagine que dans la rue tu voies un billet de cinquante francs par terre, qu'est-ce que tu fais ?
– Je le ramasse pas, c'est trop fatigant.
– C'est bien, mon fils. Paulo, monte, toi aussi.
Le fils monte :
– Paulo, tu vois une fille superbe nue sur ton lit qui te tend les bras, qu'est-ce que tu fais ?
– Je lui fais rien, c'est trop fatigant.
Même réponse.
– Antonio, monte !
– Hé non, descends plutôt, toi.

Quel est le futur de « je bâille » ?
C'est « je dors ».

Comment appelle-t-on une femme qui a perdu 90 % de son intelligence ?

Réponse : une veuve.

Un Belge est fou de bonheur : il a acheté un album à colorier sur la couverture duquel il y avait écrit : « De 3 à 6 ans ». Et il a réussi à le colorier en deux ans seulement !

Une veuve se rend au cimetière. Elle ne trouve plus la tombe de son mari, mort depuis quelques années. Elle va voir le gardien.

– Je cherche la tombe de mon mari, Hubert Robin.

Le gardien consulte son listing :

– Voyons... Hubert Robin. Non, il n'y en a pas. Par contre, il y a une Christelle Robin.

– Mon pauvre chéri, il a toujours tout mis à mon nom !

Un mendiant meurt et arrive devant Dieu, au tribunal céleste. Il demande alors à lui poser quelques questions :

– Dis-moi, Dieu, pour Toi, l'éternité, c'est quoi ?

– Pour Moi, l'éternité, c'est une seconde.

– Et mille milliards de dollars ?

– Pour Moi, c'est un dollar.

Le mendiant demande alors :

– Est-ce que tu pourrais me donner un dollar ?

Et Dieu lui répond :

– Attends une seconde...

Une femme très avare téléphone à son journal local et demande à parler au responsable de la rubrique nécrologique :

– J'aimerais passer une annonce.

– Je vous écoute, quel est le texte ?

– « Dupond mort. »

– Et c'est tout ? « Dupond mort » ?

– Oui, c'est tout.

– Mais vous avez droit à cinq mots pour votre annonce, c'est le même prix...

– D'accord, alors mettez : « Dupond mort, Mercedes à vendre. »

ᴄᴤᴥᴐ

À Nice, une Porsche vient d'emboutir une Ferrari. Les deux infortunés conducteurs sautent dehors :

– C'est pas possible, ma Porsche, elle m'a coûté une semaine de salaire !

– Et moi, ma Ferrari, elle est foutue ! J'ai travaillé un mois entier pour me la payer !

Dans la confusion, une 2 CV arrive et carambole à son tour les deux autres voitures. Le conducteur en sort en s'exclamant :

– Mon Dieu, ma 2 CV, toute une vie de salaire !

Et les deux autres, d'une seule voix :

– J'ai jamais vu une voiture aussi chère !!

ᴄᴤᴥᴐ

Le baron de Rothschild arrive à Vierzon. Il commande, dans un bar, deux œufs sur le plat.

La note arrive : mille cinq cents francs !!

Le baron, époustouflé, demande :

– Les œufs sont si rares dans la région ?

– Les œufs, non, lui répond le barman, les Rothschild, oui !!

ᴄᴤᴥᴐ

C'est un monsieur qui dit :

– Avec ma femme, voilà, on s'emmerde jamais parce que, si vous voulez, moi dans la journée je fais de la peinture abstraite et ma femme fait de la cuisine et comme ça le soir on essaye l'un et l'autre de deviner ce qu'on a voulu faire.

On est dans la cour de l'école. Un grand dit à un petit :

– Ta mère, ça c'est de la gonzesse. Je te file vingt balles si tu me rapportes une mèche de ses cheveux blonds.

– File-moi cent balles et je t'apporte la perruque.

Un homme bourré se trouve dans un bistrot et demande à un homme en uniforme :

– Portier, appelez-moi un taxi.

– Je ne suis pas portier, je suis officier de marine.

– Bon, appelez-moi un bateau.

Un patron convoque un de ses employés et lui demande :

– Tu aimes le vin tiède ?

– Non.

– Tu aimes les femmes qui transpirent sous les bras ?

– Non.

– Formidable, alors tu prendras tes vacances d'été en hiver.

C'est une bonne femme assez légère, pas le poids hein, les mœurs, qui part en vacances. Elle demande à son mari :

– Qu'est-ce que tu veux que je te rapporte comme cadeau ?

– C'est toi qui choisis : aujourd'hui tout se soigne.

C'est deux jumeaux qui viennent voir un médecin, il les ausculte, il dit : « Dites 66 ! »

Economisez...

...vos fauteuils

Chaval

Vous savez comment on appelle un homme et une femme qui pratiquent la chose sans moyen contraceptif... sans gros contraceptif ni petit contraceptif non plus d'ailleurs...? Eh ben, on les appelle papa et maman !

Vous savez qui a inventé les claquettes ? Un type qui avait douze enfants et une seule toilette !

Deux gamins discutent :
– Tu sais c'que c'est qu'un centilitre ?
– Oui, c'est la centième partie d'un litre.
– Qu'est-ce qu'i y a au-d'ssus ?

– Le décilitre.
– Et au-d'ssus ?
– Le litre.
– Et au-d'ssus ?
– Le bouchon.

– Garçon, il y a une mouche dans ma soupe !
– Et vous voudriez quoi à ce prix-là ? Du caviar ?

Une un peu cucul maintenant, mais cucul-de-jatte. C'est un médecin qui dit à son patient d'un air très triste :

– Mon pauvre ami, il va falloir, hélas, vous amputer des deux jambes.

Et le mec :

– Si vous faites ça, je ne remettrai jamais les pieds chez vous.

C'est une jeune femme qui s'est fait violer en Belgique. Le juge l'interroge :

– Est-ce que l'homme avait une érection ?
– Non, une Ford coupé.

C'est un type qui a été invité par l'ambassadeur d'Écosse à Paris. La maîtresse de maison passe les petits-fours avec un plateau. Quand elle se présente devant lui, le type dit :

– Oh, allez, ça m'ennuie parce que j'en ai déjà pris cinq mais bon, encore un et j'arrête.

Et la bonne femme lui répond :

– Oh, vous pouvez, vous en avez déjà pris neuf en vérité, mais, de toute façon, ici, on compte pas.

C'est en Afrique, c'est un Noir qui vient voir le Blanc qu'est attaché au poteau, et il lui demande :

– C'est quoi, ton nom ?

– Pourquoi, tu veux envoyer des nouvelles à ma famille ?

– Non, c'est pour l'inscrire sur le menu.

C'est un mec qui passe un examen pour devenir policier. On lui dit :

– Quelle était la couleur du cheval blanc d'Henri IV ?

– Alors là, pouh, alors là... aucune idée.

Alors, l'examinateur lui dit :

– Écoutez, bon, j'vais pas être sévère, rentrez chez vous, réfléchissez et revenez demain, on en reparlera.

Le mec rentre chez lui. Sa femme lui demande :

– Alors, ça s'est bien passé ?

– Je veux. On m'a déjà confié une enquête !!!

C'est un type qui a écrasé une poule en Belgique. Alors, il s'arrête et puis il prend la poule toute plate, et il va voir le fermier le plus proche. Il le trouve et lui dit :

– Je suis désolé, regardez, je crois bien que j'ai écrasé une poule.

Et l'autre fait :

– Ben, ça n'est pas à nous, nous, on ne les fait pas toutes plates...

C'est un gosse qui rentre de l'école et son père lui dit :

– Mais pourquoi t'as toujours zéro ?

– Ben, c'est parce qu'y a rien d'plus bas comme note.

C'est une vache qui fait une photo de son troupeau et qui dit :

– Attention, ne bousons plus !

C'est une bonne femme qui gueule après le chirurgien esthétique :

– J'vous ai d'mandé des seins en poire, pas en compote !

C'est un mec qu'est à l'hôpital, il a la tête dans l'plâtre, ça fait longtemps qu'il est là et l'infirmière lui dit :

– Dites donc, votre femme doit vous manquer.

Et lui :

– Oui, d'habitude, mais cette fois-ci, elle m'a eu !

Un p'tit garçon demande à sa mère :

– Maman, qu'est-ce que c'est un travesti ?

Sa mère lui répond :

– J'te l'dirai quand tu seras plus grand, mais m'appelle pas maman, ça m'agace.

C'est un type qu'est dans un restaurant :

– Dites-moi, garçon, venez voir là, le poulet a une cuisse plus courte que l'autre !

Et le garçon :

– Dites, c'est pour manger ou c'est pour danser ?

Il y a trois vieilles qui discutent. La première dit :

– Je suis allée au marché, c'matin, j'ai vu des oignons comme ça...

Et la deuxième :

– Mais moi, ma pauv' dame, j'ai vu des carottes comme ça !

Et la troisième s'approche et demande :

– Vous parlez de qui ?

C'est une femme qui va se plaindre à la Sécurité sociale.

– Voilà, monsieur, j'ai deux enfants : un enfant de 3 ans et un enfant de 2 ans et je ne touche plus la Sécurité sociale depuis que mon mari est mort il y a six ans.

– Comment ! Votre mari est mort depuis six ans et vous avez un enfant de 3 ans et un de 2 ans ?

– Hé, c'est lui qu'est mort, c'est pas moi !

C'est un mec qui dit :

– Ça va bien, toi ?

– Ben, non, ça va pas, non, j'me marie plus !

– Ah ? tu t'maries plus avec ta fiancée ?

– Ben, non, j'me marie plus, ben, non.

– Mais pourquoi ?

– Ben, écoute, est-ce que tu te marierais, toi, avec un être sans scrupule, sans cœur et sans dot en plus ?

– Ça non !

– Ben, tu vois, elle non plus !

Le chirurgien à l'interne :

– Je sais que c'est votre première opération, mon vieux, ça ne peut pas être parfait, mais tout de même, quand vous ouvrez un malade, appuyez moins fort sur le bistouri, ça abîme la table...

Y a une dame qu'arrive et elle voit un vieux monsieur couvert d'or, bourré de pognon. Elle lui dit :

– Oh, c'est fou c'que vous ressemblez à mon troisième mari !

– Pourquoi, vous en avez eu combien ?

– Deux.

C'est un type qui va rendre visite à un copain. Il regarde les tableaux aux murs, ils sont tous signés Madeleine. Madeleine, Madeleine, Madeleine, Madeleine. Il dit à son pote :

– Dis donc, mais c'est formidable ces tableaux, on dirait des Velázquez.
– Oui, c'est des Velázquez.
– Mais c'est signé Madeleine.
– Parce que j'ai eu des r'tours de fortune, alors, on m'a conseillé d'tout mettre au nom de ma femme.

C'est un médecin qui demande à sa patiente :
– Est-ce que vous mangez épicé ?
– Oui, j'fais tout normalement.

C'est un mec qui est en train d'se noyer dans une rivière en pleine nuit.
Il hurle :
– Au secours ! je n'sais pas nager, au secours !
Et y a un autre mec dans une des petites maisons qui bordent la rivière qui ouvre la fenêtre et qui crie :
– Moi non plus, je ne sais pas nager, mais j'emmerde personne.

Vous connaissez l'histoire de cette femme belge qui est tombée d'une échelle en repassant ses rideaux ? C'est la même bonne femme qui avait déjà décidé de ne plus nourrir son enfant au sein parce que ce n'est pas pratique de faire bouillir à chaque fois les tétines.

Savez-vous la différence qu'il y a entre un mari et un amant ? C'est le jour et la nuit.

HISTOIRE DRÔLES

– Écoute, nous sommes mariés depuis quinze ans, mais je veux divorcer...

Le mari ne dit rien et se contente d'accélérer, cent kilomètres/heure.

– J'ai eu une aventure avec ton meilleur ami et il est bien meilleur amant que toi.

Encore une fois, le mari ne dit rien et se contente d'accélérer, cent dix kilomètres/heure.

– Je veux la maison et les enfants.

Le mari se contente d'accélérer, cent vingt kilomètres/heure.

– Je veux aussi la voiture, le compte en banque et les cartes de crédit...

La voiture arrive près d'un mur et le mari encore une fois se contente d'accélérer, cent trente kilomètres/heure.

– Et toi, que veux-tu ?

Cette fois, toujours en s'approchant du mur, le mari répond :

– Rien, j'ai déjà tout ce dont j'ai besoin !

– Et c'est quoi ?

Le mari lui dit juste avant de percuter le mur à cent trente :

– C'est moi qui ai l'Airbag...

Quelle est la principale cause de divorce ?

Le mariage.

Une femme affolée :

– Docteur, docteur ! Est-ce que par hasard ce ne serait pas chez vous que j'ai oublié ma petite culotte ?

– Non, madame, désolé.

– Ah bon, ben alors, ça doit être chez le dentiste !

Pendant l'Occupation, un monsieur se rend à la Kommandantur et demande à voir le chef. « Que foulez-fous ? » lui demande l'Allemand.

– Je voudrais changer de nom.

– Ja, ja, comment fous appelez-fous ?

– Adolphe Merde.

– Ach ! Che comprends que fous fouliez changer de nom ! Comment foulez-fous fous appeler maintenant ?

– Robert Merde...

Dobeuliou (Bush) et Tony (Blair) sont en grande discussion lorsque Jacques Chirac arrive.

– Vous semblez très occupés, chers collègues...

– On est en train de préparer la Troisième Guerre mondiale.

– Ah ? Vous en êtes où ?

– On n'a pas encore décidé les détails, mais le but est d'exterminer quatorze millions de musulmans et un informaticien.

– Un informaticien ? Pourquoi voulez-vous exterminer un informaticien ?

Blair regarde Bush :

– T'as vu ce que je disais ? Personne ne nous posera de questions sur les quatorze millions de musulmans...

C'est un condamné à mort à la chaise électrique qu'on emmène pour son exécution. Il demande au maton :

– Qu'est-ce qu'on va me faire ?

– Du calme, asseyez-vous sur cette chaise, on va vous mettre au courant.

Un artiste peintre se rend à la galerie qui expose ses œuvres pour jauger de l'intérêt que suscitent ses toiles auprès des amateurs d'art. Le responsable des lieux lui explique sans détour : – En fait, j'ai une bonne et une mauvaise nouvelle à vous annoncer. La bonne nouvelle, c'est qu'un investisseur est venu l'autre jour pour une évaluation globale des œuvres que vous présentez chez nous. Il nous a demandé si vos toiles prendraient de la valeur après votre disparition.

– Et que lui avez-vous répondu ? interroge le peintre.

– Nous lui avons dit que sans nul doute, les prix de vos œuvres doubleraient après votre mort… Et il a acheté les dix-huit tableaux en exposition.

– Excellent ! réagit le peintre. Et la mauvaise nouvelle alors ?

Le propriétaire de la galerie explique, un peu hésitant :

– Eh bien, c'est que cet acheteur, c'est votre médecin généraliste !

Dans un bar, un gars arrive joyeux :

– Moi, j'ai un QI de 180 !

Un autre lui répond :

– Moi, j'ai un QI de 179.

Alors, ils se mettent dans un coin pour discuter de fission nucléaire…

Un autre gars arrive :

– Moi, j'ai un QI de 140 !

Un autre lui répond :

– Moi, j'ai un QI de 139.

Et ils se mettent dans un coin pour discuter de littérature.

Arrive alors un excité qui hurle :

– Moi, j'ai un QI de 3 !

Un autre lui répond :

– Moi, j'ai un QI de 2 !

Et ils se mettent dans un coin et la discussion commence :

– Alors, toi aussi, t'es au Front national…

Une petite blague pour les femmes :

Les hommes c'est comme de l'essence. Des pieds à la ceinture, c'est du super, de la ceinture aux épaules, c'est de l'ordinaire, et des épaules à la tête, c'est du sans-plomb.

Un ministre africain vient en voyage officiel en France, et se fait inviter à dîner chez son homologue français. En voyant la somptueuse villa de ce dernier, et toutes les toiles de maître aux murs, il lui demande comment il peut bien s'assurer un tel train de vie avec sa paye somme toute modeste de serveur de la République. Le Français l'entraîne près de la fenêtre :

– Vous voyez l'autoroute là-bas ?

– Oui.

– Elle a coûté vingt milliards, l'entreprise l'a facturée vingt-cinq et m'a versé la différence.

Deux ans plus tard, le ministre français est en voyage officiel en Afrique et rend visite à son homologue. Quand il arrive chez lui, il découvre un palais comme il n'en avait encore jamais vu. Stupéfait, il demande :

– Mais je ne comprends pas, il y a deux ans, vous trouviez que j'avais un train de vie princier, mais par rapport à vous...

Le ministre africain l'entraîne près de la fenêtre :

– Vous voyez l'autoroute là-bas ?

– Non.

– Ben, voilà.

Pourquoi certains hommes donnent-ils un prénom à leur pénis ?

Ils veulent être plus intimes avec celui qui prend toutes les décisions pour eux.

Pourquoi les militaires ont-ils un neurone de plus que les chevaux ?

Pour ne pas chier pendant la parade.

HOMME
DAME
PIEM

Après quelques années passées dans les bureaux, un énarque décide de prendre l'air à la campagne. Au milieu de collines remplies de moutons, il rencontre un berger. La conversation s'engage.

– Savez-vous combien de moutons vous gardez ? demande l'énarque. Je suis prêt à parier cent francs contre un de vos moutons que je peux les compter d'ici sans faire d'erreurs.

Le berger, sûr de gagner, accepte le pari. L'énarque observe un instant les collines, puis déclare :

– Vous avez exactement 243 moutons à garder.

– C'est exact, constate le berger abasourdi : prenez un des moutons, vous avez gagné.

L'énarque s'exécute et va pour s'en aller, quand le berger l'arrête :

– Tenez, à mon tour : je parie que vous, vous avez fait l'ENA...

– Co...Comment avez-vous deviné ?

– Vous avez pris mon chien à la place du mouton.

Savez-vous pourquoi Dieu a crée les femmes belles et stupides ?

Belles pour que les hommes puissent les aimer, et stupides pour qu'elles puissent aimer les hommes.

Un homme, dans son jeune temps, avait subi un grave accident d'auto. Les séquelles permanentes de cet incident sont qu'il s'était fait amputer des deux oreilles. Maintenant devenu un homme d'affaires redoutable, il est débordé par le travail et veut donc engager un homme de confiance. En revanche, comme il était très complexé de son handicap, le candidat idéal serait celui qui serait très discret sur sa situation... Il commence donc les entrevues. Après que le candidat numéro 1 a bien répondu aux questions d'usage, l'homme d'affaires demande :

– Quand tu me regardes, tu remarques quelque chose de bizarre ?

Le candidat répond :

– Heu... oui ! Vous n'avez pas d'oreilles !

L'homme d'affaires, agacé, met une note au dossier du candidat et le fait sortir de son bureau. Le candidat numéro 2 arrive. Après avoir répondu avec brio aux questions, l'homme d'affaires est enjoué mais demande quand même :

– Quand tu me regardes, tu remarques quelque chose de bizarre ?

Le candidat répond :

– Heu… oui ! Vous n'avez pas d'oreilles !

L'homme d'affaires, agacé, met une note au dossier du candidat et le fait sortir de son bureau. Le candidat numéro 3 arrive et répond brillamment. Un génie, se dit l'homme d'affaires en lui-même ! Mais il doit passer LE test… L'homme d'affaires demande :

– Quand tu me regardes, tu remarques quelque chose de bizarre ?

Le candidat tarde à répondre… Finalement, il dit :

– Oui… Je vois que vous portez des verres de contact…

L'homme d'affaires, surpris, lui demande :

– Heu… OUI !!! Comment as-tu fait pour remarquer ?

Le candidat lui répond :

– Facile : Tu ne peux pas avoir de lunettes, t'as pas d'oreilles !

Quelle est la dernière chose qu'on a pu entendre juste avant que la navette Challenger explose ?

« Touche pas à ça, idiote ! »

Quels sont les trois avantages de la maladie d'Alzheimer ?

Premier avantage : on peut, durant toute l'année, chercher les œufs de Pâques que l'on a cachés.

Second avantage : chaque jour, on rencontre des gens nouveaux.

Troisième avantage : on peut, durant toute l'année, chercher les œufs de Pâques que l'on a cachés.

Pierre, 87 ans, et Sophie, 85 ans, sont pensionnaires d'une maison pour personnes âgées. Ils vivent une idylle passionnée ; ils ont en effet pris l'habitude, chaque soir, de se retrouver seuls dans la salle commune et, pendant une demi-heure, tendrement, alors qu'ils regardent la télé et que leurs chaises roulantes sont côte à côte, Sophie tient le pénis de Pierre dans sa main. Puis, un jour, à l'heure de la rencontre, Pierre ne vient pas. Le lendemain non plus, ni le surlendemain. Sophie pleure un peu mais se fait donc une raison, pensant que la mort a emporté son dernier compagnon. Puis, quelques jours plus tard, au détour d'un couloir, elle croise Pierre, en pleine forme, tout frétillant sur son fauteuil à roulettes.

– Pierre, je te croyais mort ! Où étais-tu ?

– Eh bien non, j'avais mieux à faire !

– Comment cela ?

– Ah, ah, j'étais avec une autre !

– Une autre femme ! Qu'avez-vous fait ?

– La même chose qu'avec toi !

– Je comprends, elle est plus jeune que moi ?

– Oh non : 94 ans !

– Plus belle alors ?

– Oh non !

– Qu'est-ce qu'elle a donc que je n'ai pas ?

– Parkinson !

Quelle est la meilleure façon pour un homme de perdre soixante kilos de graisse inutile ?

Divorcer.

Qu'est-ce que la femme idéale ?

Une jolie blonde idiote, sourde, muette et nymphomane, qui a perdu sa mère, et dont le papa possède un bar.

Comment appelle-t-on une fille qui a décidé de ne coucher avec personne avant le mariage ?

Pourquoi voulez-vous l'appeler ?

Savez-vous quelle est la peine prévue lorsqu'on se rend coupable de bigamie ?
Deux belles-mères.

Quelle est la différence entre un pit-bull et une belle-mère ?
Le rouge à lèvres.

Au restaurant, des gens s'installent et appellent une serveuse :
– Bonjour, mademoiselle, vous avez des cuisses de grenouille ?
– Non, c'cst mon pantalon qui me serre un peu.

Deux amis discutent :
– Tu devrais rencontrer ma femme. Elle est médium et peut me dire l'avenir.
– Ben, t'as de la chance, la mienne elle est extra-large et me dit plus rien.

Un invité murmure à sa voisine :
– Le champagne vous rend jolie, vous savez ?
– Mais, je n'en ai pas bu une seule coupe !
– Oui, mais moi, j'en suis à ma dixième.

Un homme est convoqué par la police :
– C'est bien vous qui aviez signalé la disparition de votre femme ?
– Parfaitement, m'sieur le commissaire !
– Eh bien, on l'a retrouvée !
– Tant mieux, et qu'a-t-elle dit ?
– Rien !
– Rien ? Alors, ce n'est pas elle !

Quelques histoires de blondes :

Comment occuper une blonde toute la journée ? Inscrire « retournez » de chaque côté d'une feuille...

Comment une blonde fait-elle pour éteindre la lumière après avoir fait l'amour ? Réponse : elle claque la portière de la voiture.

Quelle est la première chose que fait une blonde le matin ? Elle rentre chez elle !

Comment faire pour qu'une blonde se suicide ? Tu installes un miroir dans le fond de la piscine...

Comment peut-on savoir qu'une blonde a utilisé un ordinateur ? Il y a du Tipp-Ex sur l'écran.

Comment savoir qu'une autre blonde a utilisé le même ordinateur ? Il y a quelque chose écrit sur le Tipp-Ex.

Qu'est-ce qu'une blonde qui a une mèche de cheveux brune. Une lueur d'espoir.

Combien faut-il d'hommes pour cirer un parquet de deux cents mètres carrés ?

Aucun, c'est un boulot de femme.

C'est un curé qui invite un autre curé chez lui (eh oui, même les curés s'invitent). L'invité se rend donc chez l'invitant et constate que la bonne de ce dernier n'a de loin pas atteint l'âge canonique puisqu'il s'agit d'une jolie jeune demoiselle (!) d'une vingtaine d'années. La soirée se déroule sans problème et finalement les curés se séparent contents et... un peu éméchés. Le lendemain, la bonne arrive paniquée vers le curé et lui dit :

– La louche a disparu, je ne peux pas servir la soupe !

Et le curé lui répond :

– C'est probablement mon ami d'hier soir qui m'a fait une blague. Je vais lui écrire.

Et il lui envoie la lettre suivante : « Cher ami, je ne dis pas que vous m'avez chipé ma louche, je ne dis pas non plus que vous aviez l'intention de le faire, mais si vous la trouvez chez vous, je vous prie de me la rendre. » Et quelques jours plus tard, il reçoit cette lettre en retour : « Cher ami, je ne dis pas que vous couchez avec votre bonne, je ne dis pas non plus que vous avez l'intention de le faire, mais si vous aviez dormi dans votre lit, vous auriez retrouvé la louche ! »

Un homme rentre du travail un soir, fatigué et le moral à zéro. Il entend une voix qui lui dit : « Abandonne ton travail, vends ta voiture, vide ton compte en banque, et pars à Monte-Carlo pour jouer le 9. » L'homme pense être en état d'hallucination. Mais le lendemain dans la nuit, la même voix lui répète : « Abandonne ton travail, vends ta voiture, vide ton compte en banque, et pars à Monte-Carlo pour jouer le 9. » S'il se dit bien que cette fois, cette voix n'est pas le fruit de son imagination, l'homme ne prend pas cela au sérieux. Mais chaque soir, en rentrant du travail, il entend la même voix qui lui dit : « Abandonne ton job, vends ta voiture, vide ton compte en banque, et pars à Monte-Carlo pour jouer le 9. » Au bout de quelques semaines, il finit par craquer. Il démissionne, vend tous ses effets personnels, prend son argent et se rend en principauté. Aussitôt arrivé, il se rue au casino et s'empresse de jouer à la roulette. À ce moment, la voix ressurgit et dit à l'homme : « Mets tout ton argent sur le 9... » Il s'exécute nerveusement. La roulette tourne et la boule ralentit pour finalement s'immobiliser sur le 13. Et la voix dit : « Merde... »

Dieu créa l'univers et il vit que c'était beau, Dieu créa la Terre et il vit que c'était beau, Dieu créa la nature et il vit que c'était beau, Dieu créa les animaux et il vit que c'était beau, Dieu créa l'homme et il vit que c'était beau, Dieu créa la femme et puis se dit : « Bof ! Elle se maquillera ! »

HUMOUR NOIR
ET ÉPITAPHES

Chaval

Le comble de la méchanceté : ne fermer qu'un œil à un mort.

José Artur

Apprendre à mourir ! Et pourquoi donc ? On y réussit très bien la première fois !

Nicolas de Chamfort

Le métier de croque-mort n'a aucun avenir. Les clients ne sont pas fidèles.

Léon-Paul Fargue

Il est très rare qu'une vie ratée reçoive l'aumône d'une vie réussie.

José Artur

Le premier homme qui est mort a dû être drôlement surpris.

Georges Wolinski

La vieillesse ? Pour l'instant, ça va, merci ! Je touche du marbre.

Guy Bedos

Ne prenez pas la vie au sérieux, de toute façon, vous n'en sortirez pas vivant.

Bernard Le Bovier de Fontenelle

Douaumont, on marche sur les os, comme Jésus.

José Artur

Les hommes se contentent de tuer le temps en attendant que le temps les tue.

Simone de Beauvoir

Que l'on meure gros ou maigre, la différence, c'est pour les porteurs.

Francis Blanche

Je désire être inciné et je veux que 10 % de mes cendres soient versées à mon imprésario.

Groucho Marx

Mourir, c'est vraiment la dernière des choses à faire !

Jean Yanne

Quand mon heure sera venue, je veux mourir dans le calme et la dignité, comme mon père, et surtout pas en criant et en hurlant comme ses passagers.

Pat O'Brien

Dans les hospices, les vieux jouent aux échecs de leur vie.

José Artur

J'avance vers l'hiver à force de printemps.

Charles de Luynes

La mort n'est qu'un banal incident qui ne dure qu'un instant, une affaire où l'on a plus de peur que de mal.

Samuel Butler

Les vieillards aiment à donner de bons conseils pour se consoler de n'être plus en âge de donner de mauvais exemples.

François de La Rochefoucauld

Un médecin est un homme que l'on paie pour conter des fariboles dans la chambre d'un malade, jusqu'à ce que la nature l'ait guéri ou que les remèdes l'aient tué.

Antoine Furetière

– Il est mort.
– Ah !
– Il s'est tranché l'aorte.
– Oh ! là, là, ma pauvre, c'est pas de veine... Euh... c'est pas de chance.

Guy Bedos

Il n'y a rien de plus ridicule qu'un médecin qui ne meurt pas de vieillesse.

VOLTAIRE

Un incinéré ne peut pas se retourner dans sa tombe.

JOSÉ ARTUR

J'ai presque 100 ans, et je n'ai pas d'ennemis... ils sont tous morts.

BERNARD LE BOVIER DE FONTENELLE

Tout le monde veut vivre longtemps, mais personne ne veut être vieux.

JONATHAN SWIFT

J'approche tout doucement du moment où les philosophes et les imbéciles ont la même destinée.

VOLTAIRE

Il y aurait une grande mortalité si l'on cessait de vivre lorsqu'on n'a plus rien à dire.

ABBÉ DE VOISENON

Le veuvage est une fête que l'on célèbre seul.

LOUIS BOURDON

La mort est le commencement de l'immortalité.

MAXIMILIEN DE ROBESPIERRE

Nous deviendrons tous poètes, nous allons tous faire des vers...

GEORGES JACQUES DANTON

Je trouve qu'il n'y a pas de ridicule à mourir dans la rue, quand on ne le fait pas exprès.

STENDHAL

À quoi a servi à tant d'hommes qui maintenant sont au tombeau, réduits en cendres, d'avoir eu des inimitiés, des soupçons, des querelles ?

ALPHONSE RABBE

Une des plus belles histoires vraies que je connaisse se passe en partie dans un wagon-restaurant. Je l'ai lue un jour dans le journal. La scène se passe en 1975, un type veut se suicider. Il monte dans un train, le train démarre, le type attend qu'un autre train se profile à l'horizon, il ouvre la porte et il se jette au moment où l'autre train passe en sens inverse. Mais au lieu de passer sous les roues du train, il y a un appel d'air et le type ne touche pas terre, il est ballotté d'un train à l'autre, comme une balle de flipper. Finalement, sa jambe touche terre, elle passe sous les roues du train, elle est sectionnée ; du fait de l'appel d'air, elle remonte et repart, elle est elle aussi ballottée d'un train à l'autre, jusqu'à ce qu'avec la vitesse elle casse l'une des vitres du train d'en face, et là il y a un mec qui est au wagon-restaurant, il bouffe peinard, il prend la godasse en pleine gueule. Et il est meurt. Et l'autre est debout sur une patte, plus loin sur les rails.

Des gens ont tiré la sonnette d'alarme, on est allé chercher le suicidé, qui aujourd'hui a une jambe de bois – mais il est bien vivant. Quant au mec qui était au wagon-restaurant, lui, il est mort d'un coup de pompe dans le train.

JEAN YANNE

Le sommeil est un emprunt fait à la mort pour l'entretien de la vie.

ARTHUR SCHOPENHAUER

Quand on a derrière soi une existence de travail, la mort ne fait pas peur, on y pense comme à une chose bien gagnée.

MARCEL AYMÉ

Je ne suis pas propriétaire de mon corps. Tout au plus locataire. En viager.

GUY BEDOS

À son lit de mort, l'homme songe plutôt à élever son âme vers Dieu qu'à élever des lapins.

JEAN COMMERSON

Il y a une cinquantaine d'années, les vieux avaient mon âge.

RAYMOND DEVOS

À la mort du peintre Monet :
Non, pas de noir sur Monet. Le noir n'est pas une couleur.

Georges Clemenceau

࿇

La première partie de la vie se passe à désirer la seconde ; la seconde à regretter la première.

Alphonse Karr

࿇

Le mariage est une maladie qui ne guérit que par la mort d'un des deux époux.

Théophile Gautier

࿇

Il est doux de songer que je servirai un jour à faire croître des tulipes.

Gustave Flaubert

࿇

Je voudrais mourir pendant mon sommeil mais sur le matin seulement et après une bonne nuit.

Claude Chabrol

࿇

Si tu ne veux pas que je meure, ne me parle pas de cyprès.

Jean Cocteau

࿇

Pépin le Bref est mort depuis bientôt mille ans.
Moralité :
Quand on est mort, c'est pour longtemps.

EUGÈNE CHAVETTE

Les femmes vivent plus longtemps que les hommes, surtout quand elles sont veuves.

GEORGES CLEMENCEAU

Si haut qu'on monte, on finit toujours par des cendres.

HENRI ROCHEFORT

Je suis passé sur le billard en 1990. Juste avant, sur le chariot qui m'emmenait à la salle d'opération, je leur ai dit : « J'ai deux enfants qui sont nés dans cet hôpital et deux de mes meilleurs amis qui y sont morts. Jusqu'ici, vous avez la moyenne. Alors, faites pas les cons ! »

GUY BEDOS

Cadavre : Produit fini dont nous sommes la matière première.

AMBROSE BIERCE

Si j'étais immortel, j'inventerais la mort pour avoir du plaisir à vivre.

JEAN RICHEPIN

La maison de retraite, c'est comme une colonie de vacances... À part qu'il n'y aura plus jamais de rentrée des classes.

PATRICK TIMSIT

Les veufs pleurent le plaisir qu'ils avaient à tromper leur femme.

ROBERT DE MONTESQUIOU

On a beau dire, plus ça ira, et moins on rencontrera de gens ayant connu Napoléon.

ALPHONSE ALLAIS

Si la vie avait une seconde édition, ah ! comme je corrigerais les épreuves !

OSCAR WILDE

Le fait qu'il soit mort ne prouve pas qu'il ait vécu.

STANISLAW JERZY LEC

Plus cancéreux que moi, tumeur !

PIERRE DESPROGES

La vie, c'est faire semblant de ne pas être mort.

JACQUES DUTRONC

chaval

Perdre l'un de ses parents peut être regardé comme un malheur. Perdre les deux ressemble à de la négligence.

OSCAR WILDE

☙

Condoléances : Manière de démontrer que le deuil est un moindre mal à côté de la sympathie.

AMBROSE BIERCE

☙

Il disait être de bonne composition, il voulait plutôt dire de bonne décomposition.

OLIVIER DE KERSAUSON

☙

Si on est touché soi-même par la mort, on a intérêt à en rire, et si on n'est pas touché, on n'a pas de raison de ne pas en rire.

COLUCHE

☙

Partir, c'est mourir un peu... mais mourir, c'est partir beaucoup.

ALPHONSE ALLAIS

☙

Quand j'ai faim, ils disent que je suis gourmand ; quand j'ai soif, ils disent que je suis alcoolique. Je n'ose pas leur dire que j'ai froid, ils vont dire que je suis mort

PATRICK TIMSIT

☙

Je suis mort, je n'en reviens pas.

RÉMOND PUEL DE LOBEL

☙

Morgue militaire : La salle des objets troués.

Erwan Picard

☙

On peut avoir une double vie même si l'on n'a qu'une mort.

Philippe Héraclès

☙

Cette année, j'ai pris la résolution d'arrêter de vieillir. J'ai même pas tenu une seconde, tu parles d'une volonté !

Jean-Marie Gourio

☙

Dans un escalier, la marche la plus dangereuse, c'est la marche funèbre.

Marie-Christine Couffignal

☙

Il y a beaucoup de gens qui voudraient que je meure sur scène. Ce serait une belle soirée ! J'aurais adoré qu'on annonce : « Devos est mort ! » au Caveau de la République. Les gens arriveraient, le présentateur dirait : « Mesdames et messieurs, j'ai une fort mauvaise nouvelle à vous annoncer, Devos est mort ! » Puis quelqu'un viendrait et dirait : « Ah, veuillez nous excuser, il n'est pas tout à fait mort. » Les gens : « Remboursez ! Remboursez ! » J'adorerais.

Raymond Devos

☙

La mort ne m'aura pas vivant.

Jean Cocteau

☙

NON A LA PIERRE TAILLÉE
ENCORE DES ÉCOLOS
TAP TAP TAP
PIEM

– Quelle est votre opinion au sujet du ciel et de l'enfer ?
– Je préfère ne pas vous répondre, vous comprenez, j'ai des amis des deux côtés.

JEAN COCTEAU

Bien qu'à mon enterrement mes yeux seront clos, je ne veux pas y voir n'importe qui.

PHILIPPE BOUVARD

La mort est une formalité désagréable, mais tous les candidats sont reçus.

PAUL CLAUDEL

Quand on fait le mort, c'est naturellement un rôle de décomposition.

SERVANE PRUNIER

Le docteur X, auquel la mort vient d'enlever un de ses clients, a reçu il y a quelques jours une fort belle montre en or. Dans l'intérieur de la boîte on a fait graver ces mots : « Au docteur X, les héritiers reconnaissants. »

ALPHONSE KARR

Je suis un inquiet perfectionniste, je serai toujours inquiet. Le jour de mon enterrement, je voudrai l'organiser. J'aurai même peur d'être en retard.

JOSÉ ARTUR

Qu'est-ce que la mort ?
Un mauvais moment à trépasser.

CLAUDE AVELINE

C'est un crime contre l'État, le suicide.
Un suicidé, c'est un soldat de moins, un contribuable de moins.

JEAN GIRAUDOUX

À la suite de l'annonce de sa mort par *Le Figaro*, due à une méprise basée sur une homonymie avec le critique gastronomique Henry Viard, le romancier et scénariste HENRI VIARD envoya un rectificatif au journal, lequel s'achevait ainsi :
Ceci est une prière d'insérer, non d'incinérer.

Un écrivain, lui, devrait se faire incinérer. On mélangerait ses cendres à la pâte à papier utilisée pour une belle édition posthume.

PIERRE MAC ORLAN

La femme vit en général plus longtemps que l'homme pour avoir là encore le dernier mot.

JEAN DELACOUR

– Dans cent ans, qu'aimeriez-vous que l'on dise de vous ?
– J'aimerais que l'on dise : il se porte bien pour son âge.

WOODY ALLEN

Je n'aime pas les enterrements et j'ai décidé que je n'irai plus qu'au mien.

GEORGES WOLINSKI

Peut-on rire du malheur des autres ? Ça dépend... Si le malheur des autres est rigolo, oui.

PHILIPPE GELUCK

Il ne lui restait plus de famille, seulement un caveau.

GILBERT CESBRON

– Il me doit encore quinze francs.
– Vous savez qu'il est mort ?
– Oh ! alors, je lui en fais cadeau.

JULES RENARD

On voudrait parfois être cannibale, moins pour le plaisir de dévorer tel ou tel que pour celui de le vomir.

EMIL CIORAN

Si un jour je commettais un meurtre, je me débarrasserais du corps en faisant des plats cuisinés. Parce que quand on jette un bras dans une poubelle, il y a toujours quelqu'un pour s'en rendre compte et on se fait cravater, alors que si on jette un restant de hachis parmentier, les gens au pire disent que c'est du gaspillage, mais n'appellent pas la police pour autant !

JEAN YANNE

Les vieillards, il faudrait les tuer jeunes.

ALFRED JARRY

Il mourut avec un bel avenir devant lui.

JAMES JOYCE

Après une maladie assez grave pendant laquelle SACHA GUITRY n'avait pu se faire soigner par son médecin habituel parti en vacances, il dit à celui-ci à son retour :

– Ah ! docteur. J'ai failli vous perdre.

Nous tuons le temps mais il nous enterre.

JOAQUIM MARIA MACHADO DE ASSIS

La mort, c'est un peu comme une connerie. Le mort, lui, il ne sait pas qu'il est mort. Ce sont les autres qui sont tristes. Le con, c'est pareil.

PHILIPPE GELUCK

Je devais être fusillé ce matin à six heures. Mais comme j'avais eu un bon avocat, le peloton n'arriva qu'à six heures et demie.

WOODY ALLEN

Il est mort, alors pourquoi irais-je à son enterrement, puisque je suis sûr qu'il n'ira pas au mien ?

JACQUES PRÉVERT

Le malchanceux, c'est celui qui prépare tranquillement un nœud coulant dans un bois pour se pendre et qui se fait arrêter par le garde champêtre pour pause illicite de collet.

FRANCIS BLANCHE

«Moi, la mort ça me dérange tout de même, me dit un jour une vieille dame (qui est morte depuis), je n'aime pas changer mes habitudes.»

ALEXANDRE VIALATTE

Quand on a l'intention de se suicider en se jetant du haut d'un immeuble, on a intérêt à le choisir le plus élevé possible, de façon à avoir le temps de changer d'avis.

FRANÇOIS CAVANNA

Pourquoi ne mettrait-on pas sur un corbillard: «Il est mort parce qu'il ne buvait pas de quinquina Dubonnet» ; ou encore: «Il ne portait pas de chaussures Raoul.» Les gens superstitieux permettraient ainsi de faire fortune à bien des industries nationales.

FRANCIS PICABIA

Les gens n'accordent guère d'importance à la vie, la preuve: quand ils la perdent, ils ne la réclament jamais.

PHILIPPE HÉRACLÈS

Cette montre, j'y tiens beaucoup. Elle me vient de mon grand-père. Il me l'a vendue sur son lit de mort.

WOODY ALLEN

-Quel effet ça fait d'avoir 70 ans et mèche ?

-On regarde les menuisiers avec moins de sympathie. Une belle forêt de sapins, on s'y promène moins volontiers. On recherche plutôt les endroits dégagés.

BERTRAND BLIER

Pendant qu'on le torturait, il n'arrêtait pas de se pincer. « Pourquoi ? » demanda le bourreau. « Je vérifie si je ne suis pas en train de faire un cauchemar. »

STANISLAW JERZY LEC

Les noyés remontent toujours à la surface. Trop tard en général.

ROLAND GUYARD

L'horloge parlante, c'est vachement pratique pour les aveugles. Mais ça l'est beaucoup moins pour les sourds. Mais eux, ils peuvent avoir une montre-bracelet. Dans ce cas, que font les manchots ?... Ils en sont réduits à demander l'heure aux culs-de-jatte.

PHILIPPE GELUCK

Les aveugles profitent de leur infirmité pour jouer fréquemment à colin-maillard.

JEAN-LOUIS FOURNIER

Il faut rire de la mort ! Surtout, quand c'est les autres.

GUY BEDOS

Á un ami qui lui proposait de se changer les idées en allant au cinéma après le décès de son père, ANDRÉ FRÉDÉRIQUE répondit :

– D'accord, mais pas de film en couleurs, je suis en deuil.

Les morts ont de la chance : ils ne voient leur famille qu'une fois par an, à la Toussaint.

PIERRE DORIS

Une enquête récente a démontré que 90 % des enterrés vivants reprennent conscience dans le corbillard qui les emporte vers le cimetière, mais ils n'osent rien dire de peur d'avoir l'air ridicule.

FRANÇOIS CAVANNA

Bien sûr, les cercueils ne sont pas taillés sur mesure ; mais les morts s'adaptent à tout.

FRANÇOIS CARADEC

Si je deviens centenaire, je me lèverai chaque matin pour lire les faire-part nécrologiques des journaux, si mon nom n'y est pas, je retournerai me coucher.

PAUL LÉAUTAUD

La mort est une libération. Surtout pour la famille.

OLIVIER DE KERSAUSON

Il n'y a aucune satisfaction à pendre un homme consentant.

GEORGE BERNARD SHAW

Pour une femme, tout événement, même un deuil, se termine par un essayage.

MARCEL PROUST

Ce qu'il y a de plus beau dans les cimetières, ce sont les mauvaises herbes.

FRANCIS PICABIA

Demandez-moi tout ce que vous voulez, sauf de l'argent : c'est le seul souvenir que m'ait laissé mon pauvre père.

JOHN PAUL GETTY

J'avais des bonnes relations avec mes parents. Ils me battaient très rarement. Je crois qu'ils m'ont battu une seule fois, en fait, de toute mon enfance. Ils ont commencé à me battre le 23 décembre 1942 jusqu'à la fin du printemps 1944.

WOODY ALLEN

Les hommes de grand talent qui meurent le même jour qu'un homme de génie n'ont vraiment pas de chance.

ANDRÉ WURMSER

La misère a été inventée pour que les pauvres n'aient pas trop de chagrin au moment de mourir.

OLIVIER DE KERSAUSON

La veuve du Soldat inconnu n'a jamais touché un sou de pension.

FRANÇOIS CAVANNA

Militaire : Variété d'homme amoindri par le procédé de l'« uniforme » qui est une préparation à l'uniformité totale du secteur.

BORIS VIAN

Moi, le seul voyage qui m'intéresse, c'est la mort. Parce qu'on ne rapporte pas de diapos.

GEORGES WOLINSKI

Noël au scanner, Pâques au cimetière.

PIERRE DESPROGES

C'est des morts tellement maigres, dans ces pays-là, que même les asticots sont sous-alimentés.

JEAN-MARIE GOURIO

ÉPITAPHES DE PHILIPPE HÉRACLÈS

L'EXPIRATION
EST VENUE
EN DORMANT

+

DO
NOT
DISTURB

+

J'AI
TROUVÉ
LA TERRE
PROMISE

+

DÉCOMPOSITION
RAPIDE
7 JOURS SUR 7

+

CE N'EST
QU'UN
AU REVOIR

+

JE N'AI
RIEN
À AJOUTER

+

AIRE
DE REPOS
ÉTERNEL

+

DERNIERS JOURS
TOUT DOIT
DISPARAÎTRE

+

JE
SUIS
EN
DESSOUS
DE
TOUT

+

J'AI
RETROUVÉ
MES
RACINES

+

NÉ EN 1912
NÉANT 1974

+

POUR
VIVRE
HEUREUX
VIVONS
CACHÉS

+

ENFIN
SEUL

+

JE VOULAIS
ÊTRE
INCINÉRÉ

+

ENFIN
UN MONUMENT
À MA GLOIRE

+

PRODUCTION
DE VERS
À SOI

+

NUL
N'EST CENSÉ
IGNORER
LA FOI

+

RECUEILLEMENT
ENTIÈREMENT
FACULTATIF

+

AIDEZ LA SÉCURITÉ
SOCIALE
À S'EN SORTIR
FAITES COMME MOI

+

CALEMBOURS, CONTREPÈTERIES, COMBLES ET PROVERBES

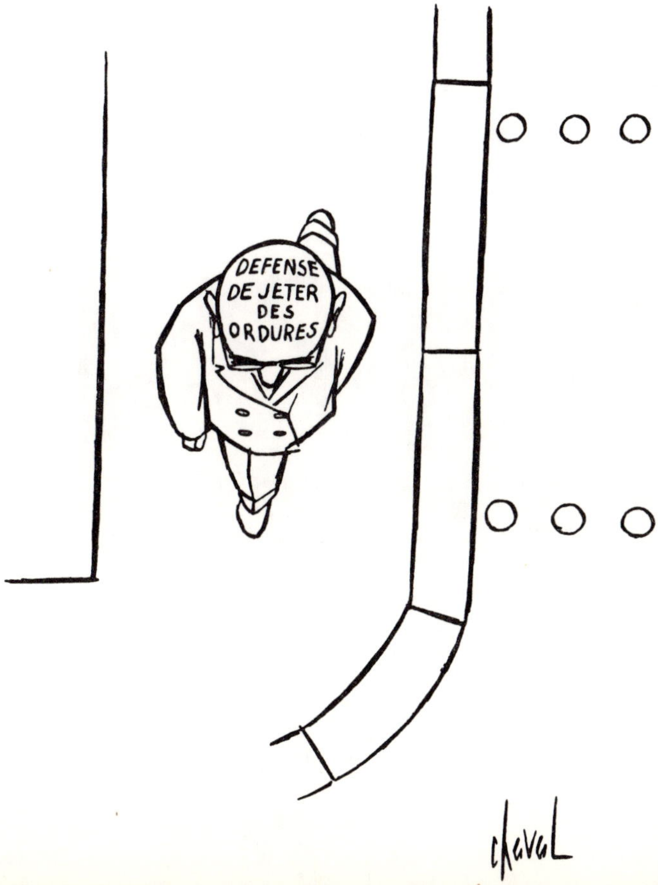

CALEMBOURS
DE PATRICE DELBOURG

Dans un jardin zoologique

Fauve et usage de fauve

Les phoques se trottent

Un one-manchot

En voilà, des tanières !

Touchez pas au grizzly

Laver son lynx sale en famille

Un individu criblé de bêtes

Le chant du guépard

Chez le médecin

Fermez l'aorte, SVP !

Toute peine mérite scanner

Mycose toujours, tu m'intéresses !

Être sous les verrues

Mort dans l'exercice de ses ponctions

Toubib or not toubib

Les lésions dangereuses

La réalité dépasse la miction

Cotiser à l'arthrite des vieux

N'être pas d'humeur à placenta

L'impotent c'est l'arthrose

L'opticien à sa mémère

Chez le cardiologue

Ingénieur des pontages et saucés

Ventricules affamés n'ont point d'oreillettes

Utile à sang pour sang

La cave se rebiffe

Le dernier des bustes

Trouvez-moi le coroner

Porter sur la systole

En saigne de vaisseaux

Avoir le péage de ses artères

Les métiers

Avec votre banquier

Avoir pognon sur rue

C'est l'enfance de l'arrhe

Tais-toi, tu me renfloues

La faillite, nous voici !

Être en état de légitime dépense

Avec un croque-mort

Exercices de stèle

Un linceul n'a pas de proches

L'occis gêne

Un petit posthume sur mesure

Avec votre percepteur

Les taxes, c'est moi !

Impôt sur le rêve nu

Le bourreau de mes thunes

Avec un policier

Police se goure

Essayer de se faire un gnon

Un mouchard de poche

Chez le joaillier

On ne platine pas avec l'amour

Marche à l'ambre

Onyx soit qui mal y pense

Bien malachite ne profite jamais

Dans la sciure d'un bar

C'est un effet de votre bon thé

Une histoire de gros saouls

Fier comme un bar-tabac

Laissez-les ivres

En écrivant

Les paroles s'envolent et les aigris restent

En faisant de la bicyclette

La tête et les jantes

Tous les moyeux sont bons

Cotiser à la retraite des cadres

Avoir pignon sur roues

En connaître un rayon

Géographie

Nul n'est censé ignorer la Loire

L'erreur est du Maine

Voyage autour de ma Sambre

Pas la peine de bomber le Corse

Dans le Doubs abstiens-toi

Chacun cherche Savoie

Alès, rien de nouveau

L'Albi ne fait pas le moine

Une sacrée chute de Rhin

Berlin l'enchanteur

Il y a du monde aux Balkans

Tapas nocturnes

Les Serbes de Provence

Zagreb les yeux

Avoir le mal d'Homère

Hongrois rêvé

À Vienne que pourra

La moujik de chambre adoucit les morses

Vous qui passez samovar

L'art d'accommoder l'Everest

Arriver à une heure hindoue

Les bons gongs font les bonzes amis

En feuilletant l'actualité

Ces Tchétchènes qu'on abat

Heureux qui communiste...

Un grand moribond en avant

Embrouillaministre

Charter d'asile

C'est la french rigolade

L'assiette aux peurs

L'abominable homme des Belges

Jamais trop tarte pour bien faire

Un facho président

Mariage

Le mariage... hymen à tout

Épouser la première velue

Le gendre ne fait pas le bonheur

L'ennemi du gendre humain

Le mariage de virago

Pour l'été, il épousa une jeune fille ombrageuse

Le mariage est un jeu de satiété

Les coups de foudre ne font pas des mariages du tonnerre

De quoi se marier !

Agriculture

Un vieillard manioc

J'ai fait un rave étrange

L'avoine de son maître

Un navet maria

Salsifis, c'est patois

Brocoli pour être honnête

Il faut tourner sept fois sa mangue dans sa bouche

Si j'y vais, les petits potes iront

Les gaietés de l'estragon

La légende des seigles

La ruée vers l'orge

Connu comme le houblon

Sans topinambour ni trompette

Au cirque

Forain exagérer

Les animaux malades de la piste

Passer ses vacances à Saint-Trapèze

C'est le clown du numéro

Un Grock-monsieur

Mon pote le titan

Faire des accrocs baths

Voir son gnon tout en haut de l'affiche

Travailler du chapiteau

Avec quelques inventeurs

Un poulet aux Curie

Gutenberg a fait une grosse impression

Élève Pasteur, vous faites enrager vos petits camarades

Fleming de rebrousser chemin

Bell, Bell, Bell comme le jour

Un savon illustre

Albert et Frankenstein

Dans un haras

Pouliche secours

La vie en rosse

Laisse Thomas dans l'étalon

Time is poney

Il alezan chaud

Trot, c'est trot

En faisant de la bicyclette

Chaîne de vie !

Le régional de l'épate

L'aîné graisse un plateau

Régime sans selle

Cotiser à la retraite des cadres

Un drôle de vélo-drame

Singing Indurain

L'impossible Monsieur Bobet

Le clergé

Experte en bibliques relations

Répandre de la poudre arrêt-curé

Puritain de vie

Une langue de vicaire

Un homme à vertu en vaudou

Ça va tiquant

Parler dogme à dogme

CONTREPÈTERIES

Amène le porc

Quand je suis mou, je n'ai plus de ressort

Omar craint les scorpions

La malheureuse s'est tordu l'humérus

La patte de la biche

L'Afrique est bonne hôtesse

Le chirurgien ampute une jambe

Ces frites sont belles

Quel beau métier, professeur

J'ai trouvé ma femme les laissant faire

Couper les nouilles au sécateur

On n'est jamais très fort pour ce calcul

Je me suis éclaté la panse en dînant

Tricher avec ce couple idiot

Ce coup de blanc m'a grisée

Ces canicules ne m'ont pas emballée

C'est votre peine qui vous mine

J'aime vachement votre frangin

Les SDF ont besoin de piaules et de nippes

Ils ont montré leur calvaire à l'unisson

Tu faisais une drôle de bille

Inviter le penseur à dîner

Boude pas, c'est pas ton genre

Rattraper les bœufs à la course

J'ai vu les populations laborieuses du Cap

La duchesse n'est pas femme à découper la biche en trente

Le mouvement réitéré des fonds multiplie les mouvements de caisse

Posez vos livres sur mon ombrelle

La contrepèterie est, comme chacun le sait, « l'art de décaler les sons ».

Une superbe contrepèterie due à François Rabelais :
« À Beaumont le Vicomte. »

Et une contrepèterie parfaitement affligeante :
Il fait beau et chaud.

PIEM

Après ces deux exemples, vous aurez compris qu'il vous suffit de déplacer les syllabes ou lettres dans chacune des contrepèteries suivantes pour en découvrir le sens caché :

Il ne faut pas glisser dans la piscine

Quel beau métier professeur !

Il n'a pas toujours bonne presse mais s'y connaît en foot

Ce polisson est inquiet

Quelle bouille !

Il y a deux sortes de gendarmes : les courts et les longs

La cuvette est pleine de bouillon

C'est une lieuse de chardons

Bob hésite

Celles qui n'aiment le Fabius veulent le mettre en l'air

Les scorpions attaquent pas mal

Ce que j'aime dans le clip de Madonna, c'est le son

On a vu Seles en faire

Ma belle-mère admire les rossignols du caroubier

Il avait une mère cocue dolente

Défense de scier dans un chantier

Grand-père, vous avez de la mousse à la pistache !

Il ressemble à un verrat qui aurait eu un jour la parole

COMBLES DE JEAN-PAUL HENRY

Le comble de l'Anglais :
Écosser les petits pois
Faire la manche
Prendre une douche écossaise
S'en foutre royalement

Le comble de l'architecte :
Avoir de bonnes perspectives
Être dans sa tour d'ivoire
Être habité par le doute
Être mal bâti

Le comble de l'assureur :
Avoir le goût du risque
Couvrir un événement
Être un sinistre individu
Manquer de franchise

Le comble de l'automobiliste :
Attendre quelqu'un au tournant
Avoir une mauvaise circulation
Dépasser les bornes
Faire du trafic

Le comble du bagagiste :
Prendre quelqu'un en charge
Ne pas être bien portant
Se faire dévaliser
Se faire la malle

Le comble du banquier :
Avoir le sens des valeurs
Avoir un bon fond(s)
Défendre ses intérêts
Donner le change
Se faire coffrer

Le comble du bijoutier :
Avoir la bague au doigt
Avoir un cœur d'or
Être brillant
Ménager sa monture
Trouver la perle rare

Le comble du boulanger :
Avoir de la brioche
Avoir du pain sur la planche
En faire toute une tartine
Être dans le pétrin

Le comble du cambrioleur :
Manquer de coffre
Saisir une occasion au vol
Voler un baiser

Le comble du caviste :
Mettre de l'eau dans son vin
Perdre contenance
Pousser le bouchon trop loin
Provoquer un embouteillage

Le comble du cheminot :
Aller bon train
Changer de train de vie
Partir sans crier gare
Se manier le train
Se tromper sur toute la ligne

Le comble du chômeur :
Aller vite en besogne
Avoir le physique de l'emploi
Faire sa profession de foi
Travailler du chapeau

Le comble du coiffeur :
Avoir un cheveu sur la langue
Boucler ses valises
Couper les cheveux en quatre
Friser la catastrophe
Raser les murs

Le comble du cordonnier :
Botter les fesses
Casser les pieds
Cirer les bottes de quelqu'un
Être dans le cirage

ଓଃଃ

Le comble du croque-mort :
Avoir un coup de pompe
Être muet comme une tombe
Manquer de savoir-vivre
Mourir de rire

ଓଃଃ

Le comble du cuisinier :
Avoir de l'estomac
Avoir la frite
Avoir les cheveux poivre et sel
Bouillir de colère
Être soupe au lait
Faire chou blanc

ଓଃଃ

Le comble de l'électricien :
Avoir du culot
Avoir une chute de tension
Être au courant
Être survolté
Tomber pile

ଓଃଃ

Le comble du facteur :
Être fidèle au poste
Être illettré
Être un paquet de nerfs
Quitter son poste

ଓଃଃ

Le comble du fumeur :
Casser sa pipe
Faire un tabac
Mégoter
Ne pas piper mot

Le comble du garagiste :
Être en panne d'idées
Être gonflé à bloc
Ronger son frein
Se faire déboulonner

Le comble du joueur de cartes :
Être plein aux as
Être un as
Mettre tous les atouts de son côté

Le comble du masseur :
Avoir la main légère
Avoir la solution en main
Mettre la main à la pâte
Ne pas y aller de main morte

Le comble du médecin :
Prendre ses patients en grippe
Se faire du mauvais sang
Se refaire une santé
Soigner sa réputation
Soigner ses factures

Le comble du meurtrier :
Abattre ses cartes
Étouffer une affaire
Tuer la poule aux œufs d'or

Le comble du ministre :
Être dans tous ses états
Être en mauvais état
Perdre son portefeuille

Le comble de l'obèse :
Avoir une baisse de régime
Être gonflé
Être un peu lourd
Jouer au plus fin
Ne pas faire le poids

Le comble du pacifiste :
Avoir les cheveux en bataille
Être d'humeur massacrante
Faire la guerre aux injustices
Se faire violence

Le comble du pêcheur :
Bien mener sa barque
Faire une queue-de-poisson
Faire une touche
Garder la ligne

Le comble du photographe :
Avoir des pellicules
Avoir un flash
Avoir une mauvaise image
Développer une idée
Rater son objectif

Le comble du piéton :
Avoir un passage à vide
Faire un faux pas
Traverser une crise

Le comble du pompier :
Arroser une victoire
Brûler d'envie
Être tout feu tout flammes
Faire la courte échelle
Jouer avec le feu

Le comble du prêtre :
Aimer les religieuses
Être bien en chair
Se faire prier
Tirer le diable par la queue

Le comble du publicitaire :
Afficher ses ambitions
Tomber dans le panneau

Le comble du tailleur :
Avoir une conversation décousue
Changer d'avis comme de chemise
Couper la parole
En découdre

Le comble de l'acrobate :
Être sur la corde raide
Prendre un virage à la corde

Le comble de l'acteur :
Arrêter son cinéma
Quitter le théâtre des opérations

Le comble de l'amant :
Avoir une mauvaise liaison
Être jaloux de son indépendance
Jouir d'une grande notoriété

Le comble de l'amnésique :
Écrire ses mémoires
Oublier ses soucis

Le combat de l'alcoolique :
Être bourré de talent
Être imbu de soi-même
Être imbuvable
Prendre de la bouteille

Le comble de l'alpiniste :
Avoir une haute idée de soi
Être au sommet de sa carrière
Être usé jusqu'à la corde

Le comble de l'Anglais :
Prendre une douche écossaise
Faire la manche

Le comble de l'avare :
Épargner sa peine
Se donner la mort

Le comble du bourreau :
Être un homme de tête
Exécuter un travail
Se payer la tête de quelqu'un

Le comble du boursicoteur :
Avoir des hauts et des bas
Faire une bonne action
Se donner le change
Avoir des obligations

Le comble du charbonnier :
Aimer l'humour noir
Être sur des charbons ardents

Le comble du chasseur :
Avoir du plomb dans la cervelle
Changer son fusil d'épaule
Dormir en chien de fusil
Être en proie à des remords

Le comble du délateur :
Dénoncer les abus
Trahir sa pensée

Le comble du distillateur :
Avoir un esprit alambiqué
Faire de l'esprit

Le comble du dompteur :
Avoir une mémoire d'éléphant
Chercher la petite bête
Dresser l'oreille
Rouler en Jaguar
Se tailler la part du lion

Le comble de l'écologiste :
Aimer la nature humaine
Avoir des mœurs dénaturées
Avoir un enfant naturel
Être vert de rage
Manquer de naturel

Le comble de l'éditeur :
Avoir un titre de noblesse

Être épuisé
Parler comme un livre

ଓ൫

Le comble de l'égoïste :
Donner l'heure
Partager ses peines de cœur
Garder son sang-froid

ଓ൫

Le comble de l'enseignant :
Avoir des affaires en cours
Changer le cours des choses
Être mis en examen
Recevoir une correction
Manquer à son devoir
Trouver son maître

ଓ൫

Le comble de l'étudiant :
Avoir un sujet d'inquiétude
Faire un examen de conscience
Suivre le cours des événements

ଓ൫

Le comble de l'explorateur :
Aller jusqu'au bout de sa pensée
Chercher la femme
Chercher une aiguille dans une botte de foin
Être déboussolé

ଓ൫

Le comble du footballeur :
Agir sur un coup de tête
Faire un appel du pied

PIEM

Passer par tous les stades
Toucher au but

Le comble du fossoyeur :
Avoir des idées creuses
Avoir une mine d'enterrement
Enterrer sa vie de garçon
Faire son trou
Remuer ciel et terre
Tomber sur un os

Le comble du gourmet :
Avoir le goût de l'effort
Cracher dans la soupe
Dévorer quelqu'un des yeux
Lécher les vitrines
Bouffer du curé
Savourer une victoire
Se mettre au goût du jour

Le comble du maçon :
Avoir le dos au mur
Bâtir une théorie
Être au pied du mur
Se murer dans le silence

Le comble du pauvre :
Avoir une riche idée
Utiliser des moyens de fortune
En avoir assez

Le comble du pacifiste :
Avoir la maladie du légionnaire
Avoir les cheveux en bataille
Être d'humeur massacrante
Se faire violence

Le comble du peintre :
Aimer la couleur locale
Amuser la galerie
Jouer sur plusieurs tableaux
En avoir une couche
Noircir le tableau
Se faire abîmer le portrait

Le comble du soldat :
Défendre ses idées
Rectifier le tir
S'armer de patience

Le comble du vétérinaire :
Acheter chat en poche
Avoir un air de chien battu
Poser un lapin
Sauter du coq à l'âne

Le comble du voyageur :
Avoir un bagage intellectuel
Être transporté de joie
Prendre un train de mesures

Chaval

VACHERIES ET TRAITS D'ESPRIT

Claude Nougaro a les épaules sur la tête.

JOSÉ ARTUR

Quelquefois, on me dit : « Pourquoi êtes-vous méchant comme ça ? C'est gratuit ! » Ce n'est jamais gratuit : on me paye pour ça !

GUY BEDOS

À propos de Jean d'Ormesson :
On dirait un petit chien qui jappe à tort et à travers.

BERNARD FRANK

Les films de Marguerite Duras ont des longueurs dès le générique.

JOSÉ ARTUR

De deux choses l'une : ou bien Jacques Séguéla est un con, et ça m'étonnerait tout de même un peu ; ou bien Jacques Séguéla n'est pas un con, et ça m'étonnerait tout de même beaucoup.

PIERRE DESPROGES

Je vous dédie la phrase sublime de Jack Lang, prononcée au cours d'une réunion publique à Blois. Évoquant Chirac, Balladur, Juppé et Bayrou, il s'est exclamé : « Écoutez-les aboyer, ces vieux chevaux de retour. » Je suis un citadin fini, je ne connais rien aux mystères ruraux, incapable de distinguer le blé de l'orge et le pommier de l'abricotier, mais je sais quand même que, quand les chevaux se mettent à aboyer, l'Apocalypse n'est pas loin.

JEAN AMADOU

Lors de la disparition d'un metteur en scène avec qui il avait travaillé :

Lui, si j'allais à ses obsèques, c'est pour être sûr qu'il soit mort !

JEAN YANNE

À propos de Jacques Attali :

J'aurai appris, pour l'avoir regardé d'assez près, qu'une grande intelligence et une grande culture peuvent recouvrir un tout petit caractère dans un tout petit homme.

GUY BEDOS

Vous me trouvez idiot ? C'est parce que je suis en train d'échanger des idées avec vous !

PAUL CLAUDEL

À propos de Daniel Pennac :

Les lecteurs, dans leurs petits pavillons individuels, avaient besoin de ces écrivains simples et modestes avec lesquels ils croyaient pouvoir s'identifier. Au fond, cette mode Pennac, Picouly et, maintenant, Delerm, ça va bien avec les Jospin, le RMI, les SDF.

BERNARD FRANK

Comme l'ont démontré madame Ségolène Royal et madame Simone Weber, qui tronçonnait ses maris, la femme peut être agressive, et pas qu'un peu.

PHILIPPE MEYER

Pour les ravigoter, on remonte les riches, à chaque dix ans, d'un cran dans la Légion d'honneur comme un vieux nichon et les voilà occupés pendant dix ans encore.

LOUIS-FERDINAND CÉLINE

À propos de Jacques Chirac :
Il a ce côté grand chien sympathique dont la queue est la terreur des maîtresses de maison et du personnel tant elle renverse d'objets, précieux ou pas, sur son passage.

BERNARD FRANK

Mais où avez-vous vu qu'elle était respectable, la personne humaine ? Vous avez entendu chanter Francis Lalanne ?

PIERRE DESPROGES

Il n'est pas gentil avec elle ? Il faut bien dire qu'elle n'est guère jolie avec lui.

JEAN GIRAUDOUX

Ils n'ont pas pu avoir de chien, alors, ils ont fait un enfant.

COLUCHE

Il n'y a malheureusement pas de remèdes de bonne femme contre les mauvaises.

JULES RENARD

Le Pen a hérité des Ciments Lambert. On se demande si monsieur Lambert était en possession de tous ses moyens au moment de son testament. En tout cas, ce dont on est sûrs, c'est que maintenant monsieur Le Pen, lui, est en possession de tous les moyens du mort.

COLUCHE

À propos de Philippe Sollers :
On le sent survolté. À l'affût des injustices de ce monde, à son égard par exemple.

BERNARD FRANK

Monsieur Michel Charasse, cité en qualité de témoin au procès Dumas, a refusé de s'y rendre, prétextant un emploi du temps trop chargé. Qu'un sénateur soit débordé de travail, c'est une première dans l'histoire de la République.

JEAN AMADOU

Je n'attaque pas les gens sur leur physique. Excepté Balladur, mais il faut dire que lui, vraiment, il exagère.

GUY BEDOS

Au zoo. Toutes ces bêtes ont une tenue décente, hormis les singes. On sent que l'homme n'est pas loin.

EMIL CIORAN

Hier soir, dîné chez les V. Repas présumé oriental. Gras et lourd. Nausées toute la matinée. Enverrai-je des fleurs ? Oui, une gerbe.

GUY BEDOS

Quand Jean d'Ormesson affirme à la télévision, à la stupeur générale, qu'on se trompe, qu'il n'est pas intelligent, je crois qu'il faut le prendre au mot, lui savoir gré de sa franchise, la mettre à son crédit et ne pas voir là je ne sais quelle fausse et puante modestie.

BERNARD FRANK

François Mitterrand est tellement égocentrique que, quand on ne parle pas de lui, il croit qu'il n'est pas là !

PIERRE DESPROGES

Les cravates de Jospin, pour moi, c'est un mystère. Je ne sais pas où il les trouve. Ça ne peut pas être sa femme qui ait si mauvais goût. Il doit en hériter. Il doit y avoir des types qui en mourant dans la misère lèguent leurs cravates au parti socialiste, et Jospin les récupère. Le Pen a plus de chance, lui, c'est des maisons de milliardaires qu'on lui lègue.

JEAN YANNE

Michel Leeb, qu'est-ce qu'il est drôle quand il imite le Noir ! « Oh, jé vé té mangé tout crru. Donne-moi la cacahuète » : quelle finesse !

Il passe du Noir au singe, du singe au Noir... Tu ne vois pas la différence, et quand il t'imite le Noir, on dirait qu'il va te manger la main.

Michel Leeb, il est unique... tant mieux, tant mieux.

PATRICK TIMSIT

Bourgeois : Homme qui ne fait aucun usage de la faculté de penser et qui vit, ou paraît vivre, sans avoir été sollicité, un seul jour, par le besoin de comprendre quoi que ce soit.

LÉON BLOY

Madame Cresson démontre une exceptionnelle capacité à faire regretter n'importe qui.

PHILIPPE MEYER

Bizarre, monseigneur Lustiger, toujours en robe et jamais de sac à main...

COLUCHE

À propos de Jacques Chirac :
Il est de la même génération que moi. En plus vieux.

GUY BEDOS

À propos de Georges Mandel, son directeur de cabinet :
Quand je pète, c'est Mandel qui pue !

GEORGES CLEMENCEAU

ଓଃ

À propos de Nicolas Sarkozy :
Il a caché dans un repli de l'âme un asticot affamé qui, sans être jamais rassasié, se nourrit d'écharpes tricolores, de voitures de fonction, de téléphones cellulaires, de rapports des Renseignements généraux, le tout cuit au jus de la *combinazione*.

PHILIPPE MEYER

ଓଃ

Il y a deux choses inutiles. La prostate et la présidence de la République.

GEORGES CLEMENCEAU

ଓଃ

Ce qui est horrible chez les hommes politiques comme chez les flics, c'est qu'ils donnent l'impression d'avoir été faits pour ça.

GEORGES PERROS

ଓଃ

Michel Rocard a des talents, mais je ne suis pas sûr qu'il ait des qualités.

FRANÇOIS MITTERRAND

ଓଃ

Gilbert Montagné en concert à l'Olympia ce soir. Pourvu qu'il trouve !

COLUCHE

ଓଃ

À propos de Michel Drucker :
Il est vraiment gentil, et je ne dis pas ça méchamment.

GUY BEDOS

France Gall était trop bébête pour être une Lolita. Une Lolita, ça doit quand même savoir allumer. Elle ne m'allumait pas du tout... J'avais l'essence mais elle n'avait pas le briquet !

SERGE GAINSBOURG

Les propos antisémites d'Autant-Lara ? C'est le sphincter buccal qui a lâché !

GUY BEDOS

Avec son regard, Dalida, à la télé, donnait l'impression d'être sur deux chaînes à la fois.

JOSÉ ARTUR

Marilyn Monroe ? Un vacuum à mamelles.

OTTO PREMINGER

Christine Bravo incarne dans le PAF le même personnage que Séraphin Lampion dans les aventures de Tintin. Ses plaisanteries la font se tordre. Ses trouvailles l'éblouissent. La muflerie lui paraît une façon de rester simple. Elle s'attache à féminiser le comique de chambrée, à montrer qu'une assemblée de filles peut être aussi balourde et grossière qu'une bande de mecs. Elle y parvient. Cela plaît sûrement à ceux qui aiment que la femme ait l'air d'une oie et l'homme d'un jars.

PHILIPPE MEYER

∞

À propos de la veuve, très âgée, de Paul Claudel :
Mon Dieu, comme elle a dû être laide !

FRANÇOIS MAURIAC

∞

Bernard-Henri Lévy a dit hier soir qu'on pouvait pas faire d'argent avec la philosophie. À mon avis, c'est seulement qu'il a pas la bonne.

COLUCHE

∞

À propos de Valéry Giscard d'Estaing :
La particule s'achète, pas la noblesse. La preuve.

GUY BEDOS

∞

Il faut pas oublier qu'un jour Hervé Vilard a été à la mode, je crois que c'était un jeudi.

PATRICK TIMSIT

∞

À un journaliste lui disant que Régine va peut-être remonter sur scène :
Remonter comment ? Avec une grue ?

SERGE GAINSBOURG

∞

Steve McQueen aimait les partouzes. Ce type avait décidément toujours besoin d'un public.

ROBERT MITCHUM

Les acteurs, c'est comme du papier hygiénique, ça ne devrait servir qu'une fois.

GEORGES PERROS

Sylvie Vartan déclare que ses chansons s'adressent avant tout au cœur des gens. Le seul problème, c'est que pour arriver là, elles doivent d'abord passer par les oreilles.

COLUCHE

À propos de Patrick Sabatier :
Je ne sais pas pourquoi, j'ai participé à son émission, je ne comprenais rien à ce qu'il me disait. Je ne parle pas le con.

GUY BEDOS

Bouvard, il est pas du tout photogénique : ses photos lui ressemblent.

JEAN YANNE

Nietzsche. Ce que j'en pense ? C'est qu'il y a bien des lettres inutiles dans son nom.

JULES RENARD

J'ai cherché un mot pour caractériser la sottise de Zola. Elle n'est pas seulement exorbitante. Elle est étrange et sale. C'est une sottise qui aurait servi à rincer quelque chose.

Léon Bloy

ꕥ

À un critique, auteur d'un article venimeux :
Votre papier ? Je l'ai lu d'un derrière distrait !

Henri Jeanson

ꕥ

Dire que Lamartine a pu devenir célèbre avec un nom pareil.

Matthieu Galey

ꕥ

Dans mon cul où il se trouve, on ne peut pas demander à Jean-Paul Sartre d'y voir bien clair, ou de s'exprimer nettement.

Louis-Ferdinand Céline

ꕥ

L'homme que je déteste le plus au monde est Auguste Rodin, parce qu'il est l'auteur d'une sculpture abominable qui représente un penseur, la tête appuyée dans les mains. En cette position on ne peut rien créer, on peut juste déféquer.

Salvador Dalí

ꕥ

Si vous lisez André Gide tout haut pendant dix minutes, vous sentirez mauvais de la bouche.

Francis Picabia

ꕥ

Duras n'a pas écrit que des conneries. Elle en a aussi filmé.

PIERRE DESPROGES

À propos de Françoise Sagan :

Erratum. Il ne fallait pas lire : « La cocaïne de *Bonjour tristesse* prenait de l'héroïne », mais bien : « L'héroïne de *Bonjour tristesse* prenait de la cocaïne ».

LES NULS

À la lecture d'une liste des nouveaux promus de la Légion d'honneur :

Ce n'est pas une promotion, c'est une rafle !

MARCEL ACHARD

Devant le cercueil de Jules Berry, amnésique notoire :

C'est bien la première fois que je rends hommage à sa mémoire.

YVES MIRANDE

Robbe-Grillet et Duras. Je ne les comprends pas. Lorsqu'il y a un dialogue d'eux, on devrait équiper les fauteuils avec des écouteurs, comme à l'ONU. Le verbe de Duras et de Robbe-Grillet serait traduit instantanément en français par des spécialistes.

MICHEL AUDIARD

A propos de Valéry Giscard d'Estaing :

Célèbre chauve creux de la seconde moitié du seizième arrondissement.

PIERRE DESPROGES

Le dentier à l'abbé Pierre demande l'asile politique. Il en a marre qu'on lui fasse dire des conneries.

LAURENT RUQUIER

Je suis dixième au box-office. Juste sous Barbra Streisand. Vous vous imaginez, être *sous* Barbra Streisand... donnez-moi un sac, je vais vomir.

WALTER MATTHAU

Quand je vois Raymond Barre à l'Assemblée nationale et qu'il ne roupille pas, il se tourne les pouces et je me dis : « Tiens, il fait son jogging. »

ANDRÉ SANTINI

Scoop : Les photos de Mitterrand sur son lit de mort auraient été prises par Jack Lang. La preuve ? Si c'était pas lui, il serait sur la photo.

LAURENT RUQUIER

Quand Mireille Mathieu dit une bêtise au moins elle ne chante pas.

JOSÉ ARTUR

Bruel, je voudrais bien aimer ses chansons, mais je suis trop vieux, je comprends les paroles.

PATRICK TIMSIT

À propos de Christine Deviers-Joncourt :
Elle ment comme elle aspire.

LAURENT RUQUIER

Renaud croit connaître la classe ouvrière parce qu'il a tourné dans *Germinal* !

ARLETTE LAGUILLER

À propos de Valéry Giscard d'Estaing :
On dirait qu'il ne peut plus mordre l'événement qu'avec un râtelier.

BERNARD FRANK

Dans *La Mariée était en noir*, j'avais besoin de montrer un personnage ridicule et prétentieux. Cela nous a aidé de penser à Jean Dutourd.

FRANÇOIS TRUFFAUT

Maurice Ravel refuse la Légion d'honneur, mais toute sa musique l'accepte.

ERIK SATIE

Je crois qu'on en a fait un peu trop pour les obsèques de Mitterrand. Je ne me souviens pas qu'on en ait fait autant pour celles de Giscard.

ANDRÉ SANTINI

Jacques Chirac :
C'est un cheval. Le drame commencera quand il se prendra pour un jockey.

ALEXANDRE SANGUINETTI

Ꞓ§Ꞓ

François Mitterrand :
Dans le Midi, nous dirions qu'il a l'air franc comme un derrière de mule.

JEAN CAU

Ꞓ§Ꞓ

Philippe Bouvard :
... avec sa tronche d'ancien bébé.

GUY BEDOS

Ꞓ§Ꞓ

Un chien a mordu une vieille dame. Vous vous rendez compte de la vie de ces pauvres bêtes : être obligé de manger des vieux.

COLUCHE

Ꞓ§Ꞓ

La devise des Kennedy : Ne pas se laisser abattre.

FRÉDÉRIC DARD

Ꞓ§Ꞓ

Quand j'ai nommé Édith Cresson Premier ministre, je lui ai dit qu'elle avait le devoir de se rendre impopulaire. Je ne pensais pas qu'elle réussirait aussi bien.

FRANÇOIS MITTERRAND

Ꞓ§Ꞓ

Ce n'est pas en payant ses factures qu'on peut espérer survivre dans la mémoire d'un commerçant.

OSCAR WILDE

Je méprise profondément celui qui aime marcher en rang derrière une musique ; ce ne peut être que par erreur qu'il a reçu un cerveau ; une moelle épinière lui suffirait amplement.

ALBERT EINSTEIN

Le 21 janvier 1793, Louis XVI avait un emploi du temps particulièrement chargé.

MARCEL MARIËN

Jacques Chirac :
Je croyais qu'il était du marbre dont on fait les statues. En réalité, il est de la faïence dont on fait les bidets.

ATTRIBUÉ À MARIE-FRANCE GARAUD

Alain Juppé incarne presque physiquement l'impôt.

LIONEL JOSPIN

J'ai un bon souvenir de Giscard d'Estaing. Je devais le rencontrer, j'avais été invité, et puis ça a été annulé.

JEAN YANNE

Il y a des généralités sur moi. Ça prouve que les gens s'intéressent à moi. Il n'y a pas de généralités sur François Bayrou.

BERTRAND BLIER

En Italie, pendant trente ans sous les Borgia, il y a eu la guerre, la terreur, des meurtres sanglants. Cela a donné Michel-Ange, Léonard de Vinci, la Renaissance. En Suisse, ils ont eu cinq siècles de paix. Et ça a donné quoi : le coucou.

GRAHAM GREENE

La musique de Wagner est bien meilleure qu'on pourrait le croire à l'entendre.

MARK TWAIN

Maurice Couve de Murville :
C'est un homme extrêmement modeste... et qui a toutes les raisons de l'être.

GEORGES POMPIDOU

Raymond Barre :
Avec de tels amis, on a pas besoin d'ennemis.

CHARLES PASQUA

Jospin remet systématiquement au surlendemain ce qu'il serait déraisonnable de faire le lendemain.

JEAN-FRANÇOIS KAHN

Charles Aznavour :
Aznavour, c'est le seul homme que je connaisse capable de rentrer debout dans une Rolls.

JACQUES BREL

Le Front national vient de créer son pin's : il sera jaune, aura la forme d'une étoile et pour montrer qu'il n'est pas antisémite, Jean-Marie Le Pen ne le distribuera qu'aux juifs.

LAURENT RUQUIER

Marcel Dassault :
Il sera candidat à l'Assemblée nationale jusqu'à sa mort. Après, il se présentera au Sénat.

LIONEL STOLÉRU

Sur l'Académie française :
Ils sont là quarante qui ont de l'esprit comme quatre !

ALEXIS PIRON

Monsieur Jean-Marie Le Pen est un sapin de Noël. (Ce n'est pas tout à fait exact, mais si on dit qu'il est un fasciste, il fait un procès.)

PIERRE DESPROGES

Il paraît que pour enregistrer un disque il faut coucher avec le producteur. Imaginez la gueule du type qui a fait faire un disque à Sim.

COLUCHE

Édith Cresson :

Elle a joliment dit un jour de monsieur Fabius :

– Il n'a pas de tripes, il n'a que des dents.

Elle aurait dû craindre la réponse du berger à la bergère, et qu'il lui rétorque :

– Elle n'a pas de dents, elle n'a qu'une langue.

PHILIPPE MEYER

Kouchner sera-t-il candidat à la présidentielle de la République ? Il ne veut pas encore se prononcer. Sans doute attend-il de savoir ce que Patrick Bruel va décider de son côté.

LE NOUVEL OBSERVATEUR

C'est un iceberg ce gars-là ! Il est trois fois plus con que ce qu'on voit !

ANONYME

Le riche, quand il a été bon avec un pauvre, lui demanderait volontiers un certificat de charité.

JEAN ROSTAND

Charles de Gaulle :

Chacun sur Terre porte sa croix, moi c'est la croix de Lorraine.

WINSTON CHURCHILL

Christophe Colomb était le premier socialiste : il ne savait pas où il allait, ignorait où il se trouvait et faisait tout ça aux frais des autres.

WINSTON CHURCHILL

Un cocktail, des Cocteau.

ANDRÉ BRETON

Académiciens :
Les seuls hommes à la retraite qui ont droit à un uniforme pour ce temps-là.

JEAN GIRAUDOUX

On a souvent dit que les bons critiques littéraires faisaient d'assez piètres romanciers. Madeleine Chapsal prouve avec force que l'on peut être une médiocre critique et une exécrable romancière.

JACQUES STERNBERG

Paul Newman :
Il est riche, beau, toujours amoureux de sa femme et participe encore à des courses automobiles. Après avoir dîné avec lui on a envie de se suicider.

ROBERT REDFORD

Le propre du génie est de fournir des idées aux crétins vingt ans plus tard.

LOUIS ARAGON

Alain Juppé :
Le cynisme lui a toujours tenu lieu de colonne vertébrale.

FRANÇOIS MITTERRAND

Michel Debré :
Si tout le monde avait le derrière aussi triste que Debré a la figure, il paraît évident qu'il n'y aurait, sur cette Terre, pas un seul pédéraste.

ANDRÉ FIGUERAS

Juppé a une tête à se faire gifler par Gabin dans un film en noir et blanc.

GUY BEDOS

Laurent Fabius :
Petit monstre froid, lisse et blanc, avec ses emportements presque vulgaires de gosse de riche.

BERNARD FRANK

Gerald Ford :
Ford ne sait pas faire deux choses à la fois. Malheureusement pour les Américains, il mâche sans cesse du chewing-gum.

LYNDON B. JOHNSON

Je viens de croiser Régine qui revenait de l'institut de beauté. À mon avis, c'était fermé.

COLUCHE

Jean-Paul II :
Ne me parlez pas de ce pape, même s'il s'exprime dans une dizaine de langues, je voudrais bien savoir dans laquelle il est le moins con.

ARLETTY

Bernard Kouchner :
... quart-mondiste et tiers-mondain.

LE CANARD ENCHAÎNÉ

Mitterrand était un homme avec qui on ne serait pas parti seul à la chasse au tigre.

RENÉ PLEVEN

Si les généraux sont si cons, c'est parce qu'on les recrute parmi les colonels.

GEORGES CLEMENCEAU

Bernard Tapie, c'est l'anti-Robin des Bois : l'un prenait aux riches pour distribuer aux pauvres, l'autre pique aux pauvres pour s'enrichir lui-même.

JEAN-EDERN HALLIER

Il était si laid qu'on l'employait dans les cauchemars.

GABRIEL BACRI

Pompidou a un sens assez extraordinaire pour prévoir ce qui n'arrivera pas.

ANDRÉ MALRAUX

Marcel Proust :
Proust, c'est la psychologie du poil de cul coupé en quatre.

RENÉ CREVEL

J'ai pas peur de l'avouer, j'avais quarante ans passés, eh bien, le jour de la mort de Brassens, j'ai pleuré comme un môme. J'ai vraiment pas honte de le dire. Alors que – c'est curieux – mais le jour de la mort de Tino Rossi, j'ai repris deux fois des moules.

PIERRE DESPROGES

Jeanne d'Arc :
Jeune allumée.

LOUIS CALAFERTE

Catherine Trautmann aura été le seul ministre de la Culture capable de faire regretter Philippe Douste-Blazy.

PHILIPPE MEYER

Daniel Pennac, que je croise dans un studio de télévision, est un bonhomme sans défaut majeur, sinon ses livres.

ARNAUD VIVIANT

François Léotard :
J'ai prêté un livre à Léo, il n'a pas encore fini de le colorier.

PHILIPPE DE VILLIERS

Quand le maréchal Pétain a fait don de sa personne à la France, ce n'était pas un cadeau.

Il avait l'excuse d'être trop vieux pour donner son corps à la science.

YVAN AUDOUARD

Rocard président ? Les Français ne porteront jamais à leur tête un homme qui pèse quarante kilos !

FRANÇOIS MITTERRAND

Bernard Tapie :

Ce type-là serait capable de vendre des confettis à la porte d'un cimetière.

MICHEL CŒNCAS

Louis XVI n'eut pas de maîtresses et c'est tout ce qu'on peut en dire.

LÉON BLOY

Lyautey est un soldat qui a toujours des couilles au cul, même quand ça n'est pas les siennes.

GEORGES CLEMENCEAU

Jacques Chirac

Au fond, cet homme est fou, il dit et il fait n'importe quoi. Il peut se faire élire après moi, mais il sera vite la risée du monde.

FRANÇOIS MITTERRAND

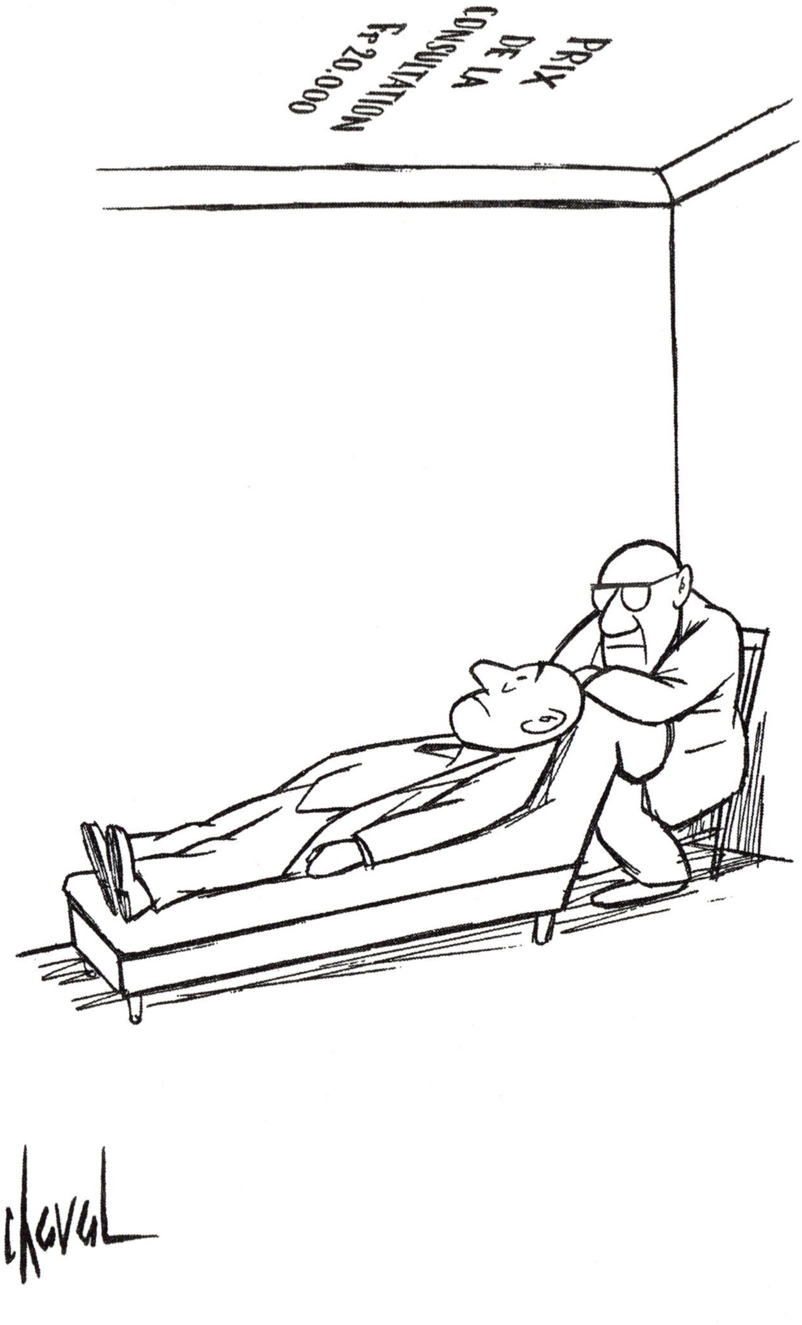
PRIX
DE LA
CONSULTATION
Fr 20.000
Chaval

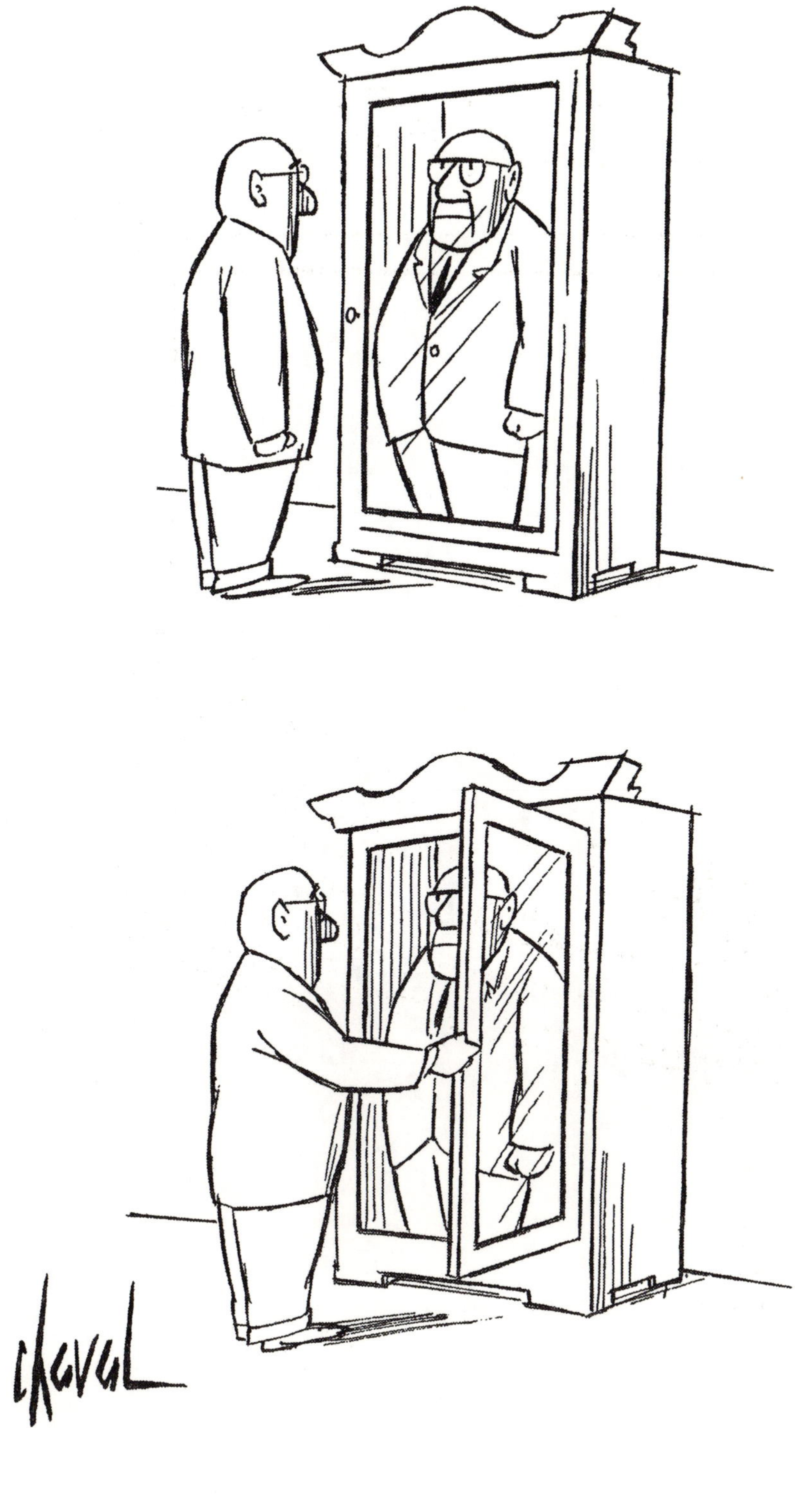
Chaval

Composition et mise en pages par DV Arts Graphiques à La Rochelle
Imprimé en France par CPI Firmin-Didot
Dépôt légal : novembre 2008
N° d'édition : 1365 – N° d'impression : 92056
ISBN 978-2-7491-1365-4